内部审计工作法系列

发现审计问题、
克服沟通障碍、
实现审计价值

内部审计思维与沟通

袁小勇　林云忠 / 主编

人民邮电出版社

北　京

图书在版编目（CIP）数据

内部审计思维与沟通：发现审计问题、克服沟通障
碍、实现审计价值 / 袁小勇，林云忠主编. — 北京：
人民邮电出版社，2022.9
　（内部审计工作法系列）
　ISBN 978-7-115-58788-6

Ⅰ. ①内… Ⅱ. ①袁… ②林… Ⅲ. ①内部审计
Ⅳ. ①F239.45

中国版本图书馆CIP数据核字(2022)第037616号

内 容 提 要

　　内部审计存在的价值，就是要发现问题、分析问题、解决问题。这是相互递进的三个层次，但都与审计的思维与沟通密切相关。如果审计不具备严谨的思维与周密的逻辑，那么就很难发现企业的问题；如果发现了问题，但不具备系统思考问题的方法，也不能很好地与管理层进行交流与沟通，进而探明问题存在的原因及解决问题的思路，审计也就很难有所作为。所以说，内部审计人员最需要具备审计思维与沟通能力。

　　本书通过大量的审计案例与实务场景对审计思维与沟通这两个主要能力进行了详细地阐述，涵盖审计思维的内涵与体系、审计思维在内部审计工作中的运用、审计思维能力的培养与提升、有效的内部沟通与外部沟通的方法、内部审计的人际冲突与化解等重要内容。希望读者在阅读完本书后可以更好地发现审计问题、克服沟通障碍，最终实现审计价值。

◆ 主　　编　袁小勇　林云忠
　　责任编辑　刘晓莹
　　责任印制　周昇亮
◆ 人民邮电出版社出版发行　　北京市丰台区成寿寺路 11 号
　　邮编　100164　　电子邮件　315@ptpress.com.cn
　　网址　https://www.ptpress.com.cn
　　涿州市般润文化传播有限公司印刷
◆ 开本：700×1000　1/16
　　印张：18　　　　　　　　2022 年 9 月第 1 版
　　字数：258 千字　　　　　2025 年 3 月河北第 12 次印刷

定价：89.80 元

读者服务热线：(010)81055296　印装质量热线：(010)81055316
反盗版热线：(010)81055315

内部审计工作法系列丛书
编委会

总主编： 袁小勇　林云忠

编委会主任： 李　越　尹维劼

编委（按姓氏音序排列）：

陈宋生　陈小欢　陈　泽　董君飞　葛绍丰　恭竟平　郭长水　纪新伟

李春节　刘红生　刘晓莹　刘　姿　鲁　垚　荣　欣　施爱芬　屠雯珺

徐　璐　徐荣华　徐晓东　许建军　杨芸芸　袁梦月　周　平

总　序

近日，作为第一读者阅读了人民邮电出版社即将出版的"内部审计工作法系列"丛书送审稿后，我很兴奋。这套丛书共五本，有理论，有方法，还有案例分享，特别是《内部审计思维与沟通》一书，紧紧抓住了内部审计的两大基本技能并进行深入阐述，达到了很好的效果。在审计实务方面，本套丛书将内部审计区分为"增值型"与"合规型"两大类别，较好地反映了内部审计在企业和行政事业单位的工作实际；《内部审计情景案例》一书以案释纪、以案说理，给人留下深刻的印象；《内部审计工作指南》一书条理清晰、重点明确，涵盖了内部审计全流程的核心工作。

本套丛书的作者皆是来自内部审计一线的理论与实务工作者，他们在书中认真分析、借鉴和总结了当前国内外内部审计先进的理念和方法，他们勤于思考、思维开阔、洞察力强，衷心希望他们和这套丛书都可以为我国内部审计事业的发展添砖加瓦。

第十一届全国政协副主席

审计署原审计长

中国内部审计协会名誉会长

2022.5.28

图 1　李金华副主席与本套丛书作者代表

2017 年 11 月，在全国内部审计"双先"表彰大会期间的合影，

左起：荣欣、林云忠、李金华、杨芸芸

图 2　李金华副主席、李如祥副会长与本套丛书作者代表

2018 年 9 月，在中国内部审计协会第七届理事会第一次会议时的合影，

左起：荣欣、李如祥、李金华、林云忠、周平

推荐序一

内部审计是建立于组织内部、服务于管理部门的一种独立的检查、监督和评价的活动，是为了适应和满足一个组织的内生动力与内在需要而产生的职业，因其具有"术业有专攻"的专业胜任能力要求，所以更彰显出其在组织管理中所不可替代的地位。正因为如此，在现代组织管理理论中，内部审计作为组织治理的四大基石之一（董事会、高级管理层、外部审计、内部审计），被誉为是"对管理者的再管理，对监督者的再监督"的职业。

随着中国经济快速发展，中央高层越来越重视内部审计工作。2018年，中央审计委员会第一次会议上指出"审计是党和国家监督体系的重要组成部分。……要加强对内部审计工作的指导和监督，调动内部审计和社会审计的力量，增强审计监督合力"。可以说，内部审计作为我国审计监督体系中重要的组成部分，迎来了加快发展的"春天"。未来十年，也将迎来我国内部审计前所未有的发展机遇期。

实务的发展需要理论的支持，理论的价值需要实务去印证，内部审计实务图书的高质量建设在内部审计人才培养中具有重要地位。正是基于对这一价值观的认识和对审计行业的高度使命驱动，袁小勇、林云忠等一批具有深厚理论功底和丰富实践经验的专家学者，集思广益、默默耕耘、精雕细琢、系统探索，编写了这套"内部审计工作法系列"丛书。

本套丛书从综合结构与编写思路上来看，既有审计基础理论的阐述与创新

（《内部审计工作指南》《内部审计思维与沟通》）；也有审计实务的指导（《合规型内部审计》《增值型内部审计》）；还有审计案例的分析与探讨（《内部审计情景案例》），可以说是一套设计思路清晰、逻辑结构合理、内容务实完整、层次递进互补的"内部审计工作法"体系。

在具体内容上，本套丛书的作者均是从事审计理论研究与实务工作的资深专家，深知审计实务中的重点、热点、痛点与难点。因此，在写作过程中，作者们能够以《国际内部审计实务框架》和《中国内部审计准则》为基础、作依据，以党和国家对内部审计工作的新要求为标准、作指引，力求实现理论与实务相结合。

我作为本套丛书的第一读者，深感荣幸，也相信本套丛书会给读者日常工作带来启发与收获，给理论探讨提供思路与指导，感谢作者与编写者们的辛苦劳动与智慧付出，希望作者、编者与读者一道，立足本职工作，深耕专业领域，在健全内控、揭示舞弊、提示风险、评估价值、提升效益、保障利益相关人权益等方面做出自己应尽的努力，为中国内部审计的发展做出自己应有的贡献。

中国内部审计协会副会长

雅戈尔集团监事会主席

李如祥

2022 年 5 月 7 日于宁波

推荐序二

从全球视角看，内部审计理论产生于 20 世纪 40 年代初。1942 年，随着维克托·Z. 布林克 (Victor Z. Brink) 的著作《内部审计——性质、职能和程序方法》的出版，内部审计理论得以面世。80 年来，内部审计职业在快速发展，内部审计理论研究也在不断升温，而系列研究成果陆续问世、理论体系日渐成熟，也指导着内部审计实践发展。我国内部审计起步于 20 世纪 80 年代初，伴随国家审计事业的发展，其功能、作用也在不断提升，社会各界对内部审计的需求更是非常迫切。毋庸置疑，21 世纪以来，我国内部审计事业进入了高速发展的快车道，以增加价值为目标的现代管理审计蓬勃发展。今天，中国特色社会主义进入新时代，我国的经济社会环境也发生了巨大的变化，环境的变化对审计理论研究和实践体系创新提出了新要求。

宁波市内部审计协会副会长林云忠，教育部审计学课程思政教学名师（2021 年）、首都经济贸易大学会计学院案例研究中心主任袁小勇等一批专家学者基于深厚的理论功底和丰富的实践经验，编写了这套"内部审计工作法系列"丛书，书名分别是《内部审计工作指南》《内部审计思维与沟通》《合规型内部审计》《增值型内部审计》《内部审计情景案例》，我能先睹为快，欣喜无比。

这套丛书是在新时代内部审计面临高质量发展的大时代背景下编写的，在继承、发展传统内部审计理论的基础上，以习近平新时代中国特色社会主义思想为指引，彰显了中国特色社会主义内部审计理论的精髓和特色，具有创新性和前瞻性。这套丛书的内容体例完整，既有基础理论的发展与创新，也有实践的应用与指导。

在《内部审计工作指南》中，作者从内部审计发展、演变的脉络出发，应用内部审计理论、管理学理论等相关学科知识，阐述了现代内部审计业务的内涵和外延，展开了对财政财务收支审计、经济活动审计、内部控制审计、风险管理审计等核心内容的论述，并以上述业务为基础，深入探讨了内部审计程序和方法、进阶数智应用的路径及内部审计部门的管理。

在《内部审计思维与沟通》中，作者从审计主体出发，运用案例分析法，就审计思维的内涵、内部审计思维体系的构成、审计思维在内部审计工作中的运用等相关内容进行了阐述，这是在一般审计流程描述基础上的一次飞跃和升华。

在《合规型内部审计》中，作者从国内外内部审计理论和实践的比较分析入手，结合我国的审计实践案例，运用委托代理理论等相关学科知识，界定了合规性审计与合规型内部审计的概念和发展逻辑，进一步探讨了开展合规型内部审计中审计业务的方法，使内部审计业务在合规性审计视域下的理论和应用更加丰富。

在《增值型内部审计》中，作者从"什么是增值型内部审计"这一问题出发，清晰地界定了增值型内部审计的概念，这本身就是一个理论创新。众所周知，增值型内部审计的概念是 IIA 在 2001 年发布的《国际内部审计专业实务框架》（IPPF）中第一次提出的，之后，国内外专家学者开始了对"什么是内部审计价值""内部审计怎么帮助组织增加价值"等一系列问题的探讨，实务界也开始了对增值型内部审计的实践探索，但到目前为止，对增值型内部审计概念尚未有一个统一的解释和定义，这本书在这些方面却给出了独到的观点和解读，并与《合规型内部审计》相互印证，使《增值型内部审计》框架清晰可辨。

在《内部审计情景案例》中，作者以不同组织类型的内部审计实践为原型，基于丰富的培训经验，来契合读者的学习需求，用讲故事的方式再现内部审计实务情景，使内部审计业务更加形象、真实。

这套丛书的内容相互支撑、互为印证，体现了很好的内在逻辑。同时，每本书都有理论分析和应用案例，能够自成体系，紧扣主题；丛书在写作方法方面也有所创新，采用了问题导向、逻辑分析加应用指引的方式，有助于读者学习和理解，引人入胜；丛书契合中国国情和内部审计环境，有厚度、有内涵；丛书的作者都有长期参加内部审计、主管内部审计工作的丰富经验，对内部审计充满了热爱，他们将理论修养、实践经验和内部审计情感全部带入这套丛书中，使这套丛书更具情怀。

相信这套丛书会给读者一个全新的感受，会使读者受到很好启迪的同时收获丰富的知识。感谢作者们的努力，向各位作者致敬！

中国内部审计协会准则专业委员会副主任委员

南京财经大学副校长

时 现

2022 年 4 月 7 日于南京

推荐序三

经济越发展，审计越重要。随着中国经济的快速发展，国家越来越重视内部审计工作。2019年10月发布的《中共中央关于坚持和完善中国特色社会主义制度推进国家治理体系和治理能力现代化若干重大问题的决定》对坚持和完善党和国家监督体系进行了部署，审计监督作为党和国家监督体系的有机组成部分，是推进国家治理体系和治理能力现代化的重要力量。内部审计作为我国审计监督体系的重要组成部分，被寄予了越来越多的期待，这也为内部审计机构和内部审计人员在组织机构中占据新的位置提供了极好的机遇。

因此，内部审计对于人才的需求量越来越大，越来越多的年轻人投身于内部审计的工作之中。但是目前国内开设内部审计课程的高校却寥寥无几，且内部审计作为一门实践性较强的学科，对工作人员的综合素质和工作能力有着较高的要求，无论是刚刚进入内部审计行业的年轻人，还是具有一定工作经验的内部审计工作者，在内部审计实务工作方面都需要一定的指导和点拨。目前已出版的内部审计图书品种少、缺乏体系性的策划，在内容的完整性和实用性方面均有所缺失，因此需要一批理论与实务经验丰富、对内部审计工作有深刻理解和认识的权威专家作为创作者，打造一套贴近实务、知识体系完整的内部审计实务工作学习读物，在弥补市场空白、树立行业标杆的同时，为广大的内部审计工作人员提供科学的指导，推动我国内部审计的人才培养，为我国内部审计的行业发展做出贡献。在此背景下，以袁小勇、林云忠为代表的一批具有丰富实践经验和理论功底的专家学者，勇于担当，通过大量的实践调研和线上线下的会议来征求意见，深耕细作、努力探索，编写了这套"内部审计工作法系列"丛书。

本套丛书有以下几个特点。

一是内容体系完整、层次递进互补。丛书共五册，既有内部审计理论（《内部审计工作指南》《内部审计思维与沟通》），又有内部审计工作实务（《合规型内部审计》《增值型内部审计》），还有内部审计案例分析研讨（《内部审计情景案例》），是一套逻辑结构完整、层次递进互补的内部审计工作法系列丛书。

二是重视审计思想、突出核心能力。2015 年 CBOK 对全球内部审计从业人员进行的三次调查表明，思维与沟通是内部审计师必须具备的两项核心能力，越来越受到审计职业人士的重视。《内部审计思维与沟通》对这两项核心能力进行了全面、系统的阐述，抓住了内部审计人才建设的核心，有助于内部审计工作者建立内部审计思维，提高审计推理与沟通技能，增进对内部审计工作的理解。

三是捕捉时代热点、紧抓实务要点。《合规型内部审计》是国内外经济环境变化速度快，合规性审查越来越趋于常态化、严厉化的一种产物，在目前内部审计图书市场中它属于创新性的产品，难能可贵。《增值型内部审计》是从 21 世纪内部审计发展的新理念、新要求出发，对现代内部审计职能进行重新定位后的一种全面阐述。本书内容包含增值型内部审计的开展方式与主要方法，增值型内部审计在采购环节、生产环节、销售环节、基建环节等方面的具体应用，内容非常丰富。

四是以案说理，引起读者思索。《内部审计情景案例》以情景案例的形式，通过情景认知、情景导入、情景演示、专家点评等元素，让读者置身于某个具体的审计情景之中——以自己作为案例中的主角，主动参与案例的分析与思考，从而增强自己在学习与工作中的思考能力，也能为内部审计实务工作者提供借鉴。

　　本套丛书既适用于各类审计实务工作者、纪检监察人员阅读、研究，也可以作为高等学校财会审计类专业大学生、研究生的参考教材，还可作为从事内部审计研究者的参考读物。

　　借此机会，谨向付出了艰辛劳动的全体作者及出版社的编辑人员致以崇高的敬意，向为丛书创作提供支持与帮助的各界人士表示衷心的感谢。

复旦大学管理学院教授

李若山

2022 年 5 月 11 日于上海

丛书前言

进入 21 世纪以来，内部审计在推动组织治理、风险管理和实现战略目标等方面所发挥的重大价值越来越引起世界范围内的高度重视。内部审计师作为一个与经济紧密交织的全球性职业，正在展示其卓越的领导力、灵活性和相关性。在中国，随着经济的稳定发展，越来越多的年轻人加入内部审计的队伍，为防范组织风险的最后一道防线助力。面对新形势，内部审计理论研究者和实务工作者必须突破传统的职能定位和工作思路，重新审视内部审计在组织治理中的地位及所肩负的新使命和新要求，并结合内部审计工作实际，调整内部审计工作视角，改变内部审计工作思路，以新姿态、新举措、新作为，促进内部审计工作高质量发展。为了系统地帮助与指导审计实务工作者更好地开展内部审计工作，在中国内部审计协会的支持与鼓励下，人民邮电出版社联合内部审计一线工作的专家、教授和全国内部审计先进工作者，组成了"内部审计工作法系列"丛书编委会。

编委会在线上、线下经过充分的会议讨论，通过调研、征求部分国有企业和民营企业中内部审计实务工作者的建议，将内部审计按工作的重心分为两大类：合规型内部审计与增值型内部审计，前者主要在行政事业单位运用较多，后者主要在企业单位运用较多。考虑到审计思维与沟通这两大基本技能在内部审计工作中的重要性，以及内部审计实务工作者对案例分析研究的需求，编委会决定本套丛书确定为以下五部图书：《内部审计工作指南》《内部审计思维与沟通》《合规型内部审计》《增值型内部审计》《内部审计情景案例》。这五本书的逻辑关系如图3所示。

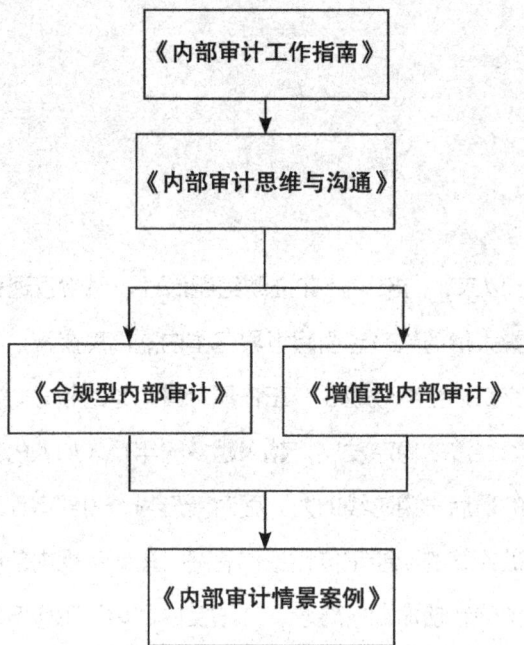

```
        ┌──────────────────────┐
        │   《内部审计工作指南》   │
        └──────────┬───────────┘
                   │
                   ▼
        ┌──────────────────────┐
        │  《内部审计思维与沟通》  │
        └──────────┬───────────┘
                   │
         ┌─────────┴─────────┐
         ▼                   ▼
┌─────────────────┐   ┌─────────────────┐
│ 《合规型内部审计》 │   │ 《增值型内部审计》 │
└────────┬────────┘   └────────┬────────┘
         │                     │
         └──────────┬──────────┘
                    ▼
        ┌──────────────────────┐
        │  《内部审计情景案例》   │
        └──────────────────────┘
```

图3 "内部审计工作法系列"丛书的逻辑关系

《内部审计工作指南》作为本套丛书第一部，相当于内部审计的基本原理。本书紧紧围绕中国内部审计准则和审计署关于内部审计的规定，以及党和国家对内部审计工作的新要求来撰写，内容涉及内部审计的职能与使命、内部审计核心业务类型、审计计划制订、审计方案实施、审计报告、审计结果运用与后续审计等。

《内部审计思维与沟通》作为本套丛书第二部，是对内部审计两大基本技能的系统阐述。本书紧紧围绕审计思维与沟通这两个重要主题，帮助内部审计工作者建立内部审计思维、提高审计推理能力，通过分享内部审计沟通技巧，增进读者对内部审计工作的理解。

　　《合规型内部审计》作为本套丛书第三部,第一次系统地对合规型内部审计进行全方位的探讨。本书从理论、方法、案例三个维度对组织违法违纪违规、领导干部失职渎职、员工舞弊、内控失效等典型的合规性问题进行深入系统的分析,帮助读者阔眼界、明规律、理思路、懂策略、识大体。

　　《增值型内部审计》作为本套丛书第四部,以全国内部审计先进单位——方太集团这一民营企业为原型,第一次把增值型内部审计理念、具体场景与企业组织管理的特征有机地结合在一起,从采购、生产、销售、基建等环节具体讲述内部审计是如何发挥增值作用的,让读者能够得到更好的审计实践体验。

　　《内部审计情景案例》作为本套丛书第五部,以情景案例的形式,通过情景认知、情景导入、情景演示、专家点评等元素,让读者置身于某个具体的审计情景之中——以自己作为案例中的主角,主动参与内部审计案例的分析与思考,从而增强自己在学习与工作中的思考能力,也为行政事业单位和企业的内部审计实务工作提供借鉴。

　　在写作人员的组成上,编委会重视理论与实务相结合。在理论方面,选择具有较深理论功底的专家学者,如陈宋生,中国内部审计协会准则专业委员会副主任,北京理工大学博士生导师;郭长水,高级审计师,上海海事大学审计处处长;徐荣华,中国注册会计师,国际注册内部审计师,宁波大学商学院副教授;荣欣,全国内部审计先进工作者,万里学院监察部部长。在实务方面,选择经验非常丰富的实务专家,如纪新伟,全国会计领军人才,中国兵器工业集团北方国际合作股份有限公司财务金融部主任;周平,宁波方太厨具有限公司审计部(2014—2016 年度全国内部审计先进单位)部长;葛绍丰,高级审计师,浙江省内部审计实务专家;陈泽,北京用友审计软件有限公司总裁。本丛书还有多位审计理论与实务经验丰富的全国内部审计先进工作者参与,如刘红生博士,2017—2019 年全国内部审计先进工作者,宁波市内部审计协会副秘书长,宁波鄞州农村商业银行审计部总经理;杨芸芸,2014—2016 年度全国内部审计先进工作者,宁海县高级审计师。

在写作过程中，编委会深入北京、宁波、温州等地进行实地考察，与部分全国内部审计工作先进单位和先进工作者进行座谈，掌握内部审计需求与发展状况的一手材料。

在写作风格上，本套丛书力求在内部审计理论的阐述上深入浅出，在审计案例分析中详尽细致，并依据各章特点设置"思考与探索""案例讨论延伸""审计名人名言"等内容，有助于读者全面提升内部审计思维能力与实务处理能力。

本套丛书是关于内部审计实务探讨方面的一种新尝试，尤其是《内部审计思维与沟通》《合规型内部审计》《增值型内部审计》《内部审计情景案例》这四本书的选题角度都十分新颖，有一定的写作难度，对作者来说也是一种挑战。因此，我们期待本套丛书能够得到读者的喜爱，也欢迎读者对于书中不足之处进行批评指正。

袁小勇 林云忠

2022 年 3 月

本书前言

国际内部审计师协会知识共同体组织（Common Body of Knowledge，CBOK）是专门对内部审计人员及其利益相关者进行持续研究的机构。2015年，CBOK对全球内部审计从业人员进行了第三次调查，并于2016年4月发布了题为《内部审计人员最需具备的七项技能——为您的组织建立最佳的人才组合》的调查报告（《中国内部审计》2016年第7期）。

这个调查报告显示（见表1），内部审计人员最需具备的能力是分析/批判性思维（64%）与沟通能力（51%），这两项能力作为内部审计人员必须具备的核心能力，越来越受到审计职业人士的重视。内部审计人员必须具备很强的技能，其中，审计思维与沟通能力是最需具备的两大技能。本书就是基于这两大技能展开的。

表1　内部审计人员最需具备的七项技能（CBOK，2016）

个人技能
1. 分析/批判性思维
2. 沟通能力

工作技能
3. 会计

续表

4.风险管理保障

5.信息技术（通用）

6.行业特定知识

7.数据挖掘与分析

为什么内部审计人员最需要具备审计思维与沟通能力呢？

内部审计存在的价值，就是发现问题，分析问题，解决问题。这是相互递进的三个层次，但都与审计思维与沟通密切相关。如果内部审计人员不具备严谨的思维、周密的逻辑，就很难发现企业的问题，其工作价值就不会被认可。内部审计人员发现了问题，或者别人向其报告了问题，如果其不具备系统思考问题的方法和沟通能力，就不能很好地与管理层和被审计部门沟通问题存在的原因及解决问题的思路，也就很难有所作为。所以说，内部审计人员需要具备审计思维与沟通能力。

本书分上下两篇，共10章，上篇（第1—6章）阐述内部审计思维，下篇（第7—10章）阐述内部审计沟通。全书通过大量的审计案例，主要就审计思维的内涵、内部审计思维体系的构成、审计思维在内部审计工作中的运用、内部审计思维能力的自我评价与提升、有效的内部沟通与外部沟通、内部审计的人际冲突及其化解等内部审计的核心内容，进行系统的理论与实务分析。

本书由袁小勇、林云忠作为主编，鲁垚、刘红生、徐晓东作为副主编进行编写，各章的具体写作情况如下。

第1、6章由教育部审计学课程思政教学名师（2021年）、首都经济贸易大学会计学院案例研究中心主任袁小勇编写；第2章由内蒙古自治区呼伦贝尔市扎兰屯市副市长（原牙克石市人大财经委主任、审计局副局长）鲁垚编写；第3、5章由中国内部审计协会职业发展委员会委员、宁波市内部审计协会副会长、国际注册内部审计师林云忠编写；第4章第2节由宁波方太厨具有限公司审计部（2014—2016年度全国内部审计先进单位）部长编写；第7章由北汽集团投资有限公司审计部孙浩然编写；第8章由宁波市余姚市审计局高级审计师董君飞主任编写；第9章由高级审计师、2017-2019年全国内部审计先进工作者、宁波市内部审计协会副秘书长、宁波鄞州农村商业银行审计部总经理刘红生博士编写；第10章由北汽集团海纳川公司纪检部部长徐晓东编写。

全书最后由袁小勇、林云忠定稿。

本书为内部审计实务工作者而写，亦可作为纪检、监察、巡视等监管部门工作人员和高等财经类院校教师、学生等进行工作、学习和研究的参考资料。本书在写作过程中，参考了部分学者文献，虽然文中已有标注，但可能并不全面，在此，再次向这些文献的作者表示感谢。还要特别感谢宁波大学龙元建筑金融研究院，他们为本书的调查研究提供了有益的帮助。

内部审计思维与沟通是一个大课题，需要探讨的问题很多，也有许多内容没有定论。本书只是起一个抛砖引玉的作用，不足之处，望广大读者不吝赐教。

袁小勇　林云忠

2021年9月

目 录

上 篇 ┊ 内部审计思维

第3章 逻辑思维在内部审计工作中的运用

第4章 博弈思维与批判性思维在内部审计工作中的运用

第5章 创新思维在内部审计工作中的运用

第6章 内部审计思维能力的自我评价与提升

下 篇 ┊ 内部审计沟通

第7章 内部审计沟通概述

7.1 沟通的基本知识

第9章 有效的外部沟通

第10章 内部审计的人际冲突及其化解

上 | 篇

内部审计
思维

第 1 章

何为内部审计思维

沟通协调贯穿于内审和审计整改全过程。

——李春节

1.1 / 思维

什么是思维

思维是人脑对客观事物间接的、概括的反映。思维与感知的共同之处在于二者均为人脑对客观现实的反映，但它们的差异在于：感知是当事物的个别属性或具体事物及外部联系直接作用于感觉器官时，人脑进行反映的过程，是对客观事物的直接反映，属于认识的低级阶段；而思维是人脑对感知所提供的材料进行"去粗取精，去伪存真，由此及彼，由表及里"的加工的过程，它探索与发现事物的内部本质联系和规律性，是认识过程的高级阶段。思维以感知为基础，又超越感知的界限。

什么是思维体系

思维体系也叫思考力体系，是指一个人在遇到问题和解决问题时的思考方式。通常有这样一种人，对别人所做的事、所说的话、所写的报告常常能隐隐约约感觉到不足，但是具体是哪里不足、应该怎么改进却说不清楚，即使能说出一些道理，但自己做反而不如别人做得好。这就是俗话所说"眼高手低"现象的表现之一。

其实，很多人在某些场合或某些时候都会产生一些思想火花，为什么有些人的思想火花能形成燎原之势，创造出辉煌的业绩和不朽的事业，有些人的思想火花只是星星点点或昙花一现呢？这与一个人思维体系的完整性和完善性有关。

为什么会出现眼高手低现象

从心理学的角度来讲，眼高手低现象说明一个人思考力水平、行动力水平与他的某些领悟能力极不相称，是认识能力不统一、不全面、不深入、不协调的表现，或者可以说他的思维体系缺乏完整性和完善性。"眼高"说明一个人具备了某些零散的能力，正因为这些零散的能力高出了一般应具备的能力，所以出现"眼高"现象；"手低"说明由于零散的能力没有形成系统，缺乏完整性、全面性、深入性、一致性，因而制约了能力的整体发挥。如果一个人没有形成完整的思维体系和完善的思维方式，就会经常出现眼高手低现象。

思维体系的完整性基本上由思维深度、思维广度、思想高度、思维速度四个部分组成，思维方式的完善性主要由科学思维、价值思维、应变思维的相互作用决定。思路决定出路，从而决定着一个人的行为方式。一个人的事业方向以及事业成就，可以从一个人思维体系的完整性和完善性中得到某些反映。同样，通过学习和训练，一个人的思维深度、思维广度、思想高度、思维速度以及思维方式是可以改善的。

如何评价思维能力

评价思维能力可以从广度、深度、敏锐度、严密度、批判度、灵活度、创造性七个维度来衡量，如图 1-1 所示。

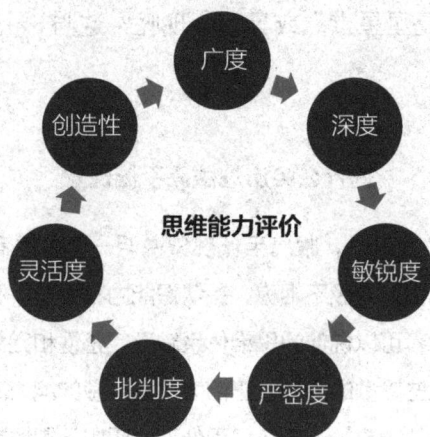

图 1-1　评价思维能力的七个维度

1.2 内部审计思维体系

内部审计思维体系的内容

依据内部审计的特点，在本书中我们以目标为导向，通过对内部审计实务工作进行深度思考，将内部审计思维体系划分为五大内容[①]，如图 1-2 所示。

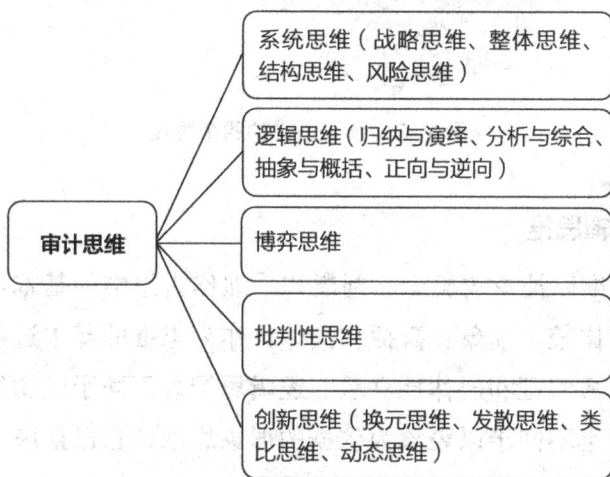

```
                    ┌─────────────────────────────────┐
                    │ 系统思维（战略思维、整体思维、     │
                    │ 结构思维、风险思维）               │
                    └─────────────────────────────────┘
                    ┌─────────────────────────────────┐
                    │ 逻辑思维（归纳与演绎、分析与综合、 │
                    │ 抽象与概括、正向与逆向）           │
                    └─────────────────────────────────┘
   ┌────────┐       ┌─────────────────────────────────┐
   │ 审计思维 │──────│ 博弈思维                          │
   └────────┘       └─────────────────────────────────┘
                    ┌─────────────────────────────────┐
                    │ 批判性思维                        │
                    └─────────────────────────────────┘
                    ┌─────────────────────────────────┐
                    │ 创新思维（换元思维、发散思维、类   │
                    │ 比思维、动态思维）                 │
                    └─────────────────────────────────┘
```

图 1-2　内部审计思维体系的内容

----

① 需要说明的是，这里的审计思维分类是相对的。比如，类比思维既属于创新思维，也属于逻辑思维；批判性思维本质上也属于逻辑思维，但因为批判性思维在内部审计中应用非常广，故单独划分出来。

一、系统思维

系统思维就是把认识对象作为系统，从系统和要素、要素和要素、系统和环境的相互联系、相互作用中综合地考察认识对象。换句话说，系统思维是指在分析、解决某一问题时，不是把它当作一个孤立、分割的问题来处理，而是当作一个有机的、关联的系统来处理。

在内部审计中，系统思维主要包括四个维度，如图 1-3 所示。

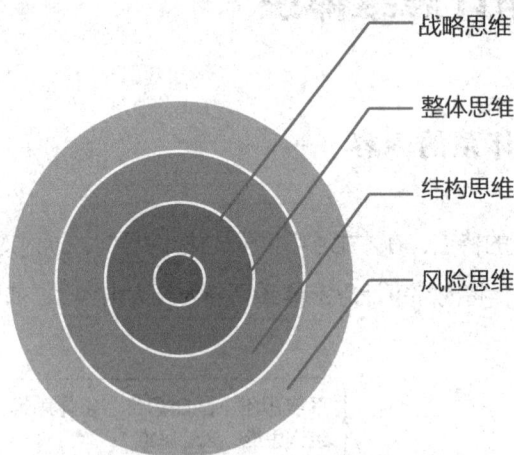

图 1-3 系统思维的四个维度

二、逻辑思维

逻辑思维以抽象的概念、判断和推理作为思维的基本形式，以分析、综合、比较、抽象、概括和具体化作为思维的基本过程，从而揭露事物的本质特征和规律性联系。逻辑思维既不同于以动作为支柱的动作思维，也不同于以表象为依据的形象思维，它已摆脱了对感性材料的依赖。

逻辑思维是思维的一种高级形式，是符合世间事物之间关系（合乎自然规律、合乎逻辑规则）的一种思维方式，又称抽象思维（或"闭上眼睛的思维"）。只有运用逻辑思维方法，人们对事物的认识才能达到对具体对象本质规律的把握，进而认识客观世界。

在内部审计实务中，常用的逻辑思维方法包括：归纳与演绎、分析与综合、抽象与概括、正向与逆向等。

三、博弈思维

博弈思维就是当我们面对一个问题，有两种或者多种选择的时候，我们要学会在选择之间权衡，通过权衡其中的利弊，做出最有利于自己的选择。

博弈思维最早产生于古代的军事、体育、游戏活动中。田忌赛马就是一种著名的博弈思维。所以，博弈不是单方面的想法和行动，而是对立双方之间的互动，是双方各自做出科学、巧妙策略的推演。

博弈思维在内部审计中可能有许多运用，如制订审计策略、进行审计访谈、提出审计调整建议、开展舞弊审计等。

四、批判性思维

批判性思维是个体对信念或假设及其所依据的基础和进一步推导出的结论所进行的理性反思。在内部审计中，批判性思维包括以下三层含义。

第一，批判性思维是一种基于客观事实的理性反思，以审慎的态度和质疑的思维方式重新审视一切，去伪存真，透过现象揭示经济活动的本质，最终做出合理的判断，提出恰当的审计意见。

第二，批判性思维不仅是对别人的否定，更重要的是自我校准。审计人员在执业的过程中要保持职业怀疑态度，这种基于客观事实，但不盲从权威、不被表象迷惑的理性反思，是与批判性思维一脉相承的。

第三，批判性思维的目的不是否定和推翻一切，而是在否定和质疑的基础上做出理性的判断。

五、创新思维

创新思维是一种具有开创意义的思维活动，即开拓人类认识新领域、开创人类认识新成果的思维活动。创新思维是以感知、记忆、思考、联想、理解等能力为基础，以综合性、探索性和求新性为特征的高级心理活动，需要人们付出艰苦的脑力劳动。一项创新思维成果往往要经过长期的探索、刻苦的钻研，甚至多次的挫折方能取得；而创新思维能力也要经过长期的知识积累、素质磨砺才能具备；至于创新思维的过程，则离不开繁多的推理、想象、联想、直觉等思维活动。

从个体角度来看，创新是一个人综合能力的体现；从组织角度来看，创新是企业的灵魂，是企业发展的不竭动力。一个成功的团队必然是一个勇于创新的团队。在内部审计中，创新思维是指以新颖独特的方法开展审计工作的思维过程，具有创新思维的人能突破常规思维的界限去思考问题，提出与众不同的解决方案，从而产生独到的思维成果。内部审计的创新思维主要包括换元思维、发散思维、类比思维、动态思维等。

内部审计思维过程

内部审计思维是为解决内部审计实践中提出的新的问题而产生的。一般来说，内部审计处理问题的思维过程可以分为三个阶段，如图 1-4 所示。

图 1-4　内部审计处理问题的思维过程

一、发现问题

所谓问题，就是实际情况低于标准的差异，差异越大，则问题越严重。在内部审计过程中，问题通常也称审计发现。从内部审计的角度来看，审计发现可能是以前或目前存在的错弊，也可能是尚未发生的错弊的潜在风险，主要包括以下几类。

1. 应该采取而实际未采取的行动，即不作为。
2. 被禁止的行为，即乱作为，如舞弊行为、违法行为等。
3. 不适当的行为，包括业务处置不当、业务处理差错、遗漏业务等。
4. 令人不满意的制度或系统。
5. 应该考虑而实际未考虑到的风险。
6. 低效率、浪费、无效的行为或现象。
7. 组织利益冲突等。

二、分析问题

分析问题，就是分析问题存在的根本原因，这是解决问题的关键。提高分析问题的能力，实质上就是提高思维的能力。

三、解决问题

解决问题分为两个环节：提出建议、讨论与实施。

这里的建议就是为问题的解决提出有效的方案。建议的提出者可以是审计人员，也可以是存在问题的业务部门。

讨论与实施是解决问题的最后阶段。通过广泛讨论寻找解决问题的方案。通过实施验证问题最终是否得到解决。假如问题未能解决，就需要再讨论、再实施。

当然，在解决问题的实际过程中，以上三个阶段往往交错进行。

内部审计思维体系建立的意义

思维能力的体系化能够使思考和认知活动具有完整性、统一性、深入性、全面性。建立内部审计思维体系对于提高内部审计人员的思维能力非常重要。具体说来，建立内部审计思维体系的意义主要体现在以下几个方面。

1. 内部审计思维体系使审计思考具有全面性和完整性，并促进知识向能力转化。

中国有句俗话："百无一用是书生。"得出这个结论的原因在于纯粹的书生不能将"知识量"转化为思考力，进而不能将思考力转化为理解力和行动力。由于缺乏理解力和行动力，所以大多数书生聚在一起的时候总喜欢争吵，谈高论低，甚至产生"文人相轻"的现象。

事实上，出现上述现象，从思维体系上看，要么是因为他们缺乏必要的思维深度，只看到了事物的表面现象就急于发表主张；要么是因为他们缺乏必要的思想高度不能包容别人，并脱离了现实条件进行不切实际的空谈，造成科学思维、价值思维和应变思维的不统一；要么是因为他们缺乏必要的思维广度，产生了只知其一不知其二的偏执。这些现象的产生都可以从他们的思维体系的完整性和思维方式的完善性方面分析原因，进而找到解决的方法。

严重缺乏思维体系的人，考虑问题比较片面，一旦形成自己的看法就比较固执，容易钻牛角尖，常常出现"公说公有理、婆说婆有理"的情况，有的人甚至会出现严重的情绪化倾向和使用攻击性语言。那些过分偏执的人通常习惯于用挑衅的方式和激烈的言辞讨论问题，但当他的观点不被别人接受时，就会形成一种潜意识压抑，从而使一般意义上的观点和观念问题转化为心理问题，进而诱发心理疾病。

思维是对存在的一种反映，思维一旦形成了体系，就能够促使人多角度、多层次地看问题，并且根据不同的条件和具体的环境灵活处理问题。思考决定行动，一个人一旦形成了思维体系，他的主体性与客观对象及其所在的环境就能保持高度一致，在人际关系上也能出现文化包容心理，从而有利于培育出健康的人格和良好的心态；并且，他的思维活动也会体现出一定的全面性、完整性、协调性、统一性特征，从而使他的认识更加接近存在和价值的本质。思考一旦形成力量，就能够实现能力之间的相互转化，因此，思考力、行动力、意志力具有内在的统一性。

2. 内部审计思维体系能够拓展思维深度、延伸思维广度、提升思想高度、加快思维速度。

思维深度、思维广度、思想高度、思维速度是思维体系的基本组成部分，并且，只有在这些组成部分相互之间具有完整性和统一性的时候，思维体系才得以形成。思考力一旦形成体系，就会出现整体决定部分的现象。由于部分与部分之间的制约关系，各部分之间必定要协调统一，这种协调统一关系的横向要求和作用，会促使一个人的思维深度得以拓展、思维广度得以延伸、思想高度得以提升、思维速度得以加快；同时，思考力一旦形成体系，就会出现整体大于部分之和的系统效应，整体性的纵向作用和要求，也会促使一个人拓展思维深度、延伸思维广度、提升思想高度、加快思维速度。

3. 内部审计思维体系一定程度上能产生"生而知之"的学习效果。

思维体系实质上就是一套"思维软件"，思维体系的完整性和完善性决定了这套"思维软件"的性能和优良程度。其实，人们通过感官得来的知识表象离开了"思维软件"的处理是毫无意义的。研究表明，人们可以通过学习和对经验的抽象逐渐形成自己的"思维软件"，并在长期的思考和实践过程中使思维体系不断完善。

4. 内部审计思维体系促使思考力向行动力转化。

思维一旦形成力量，就能够进行能量转化，产生行动力和意志力。但是，思维能力能否向行动力转化，取决于能否构建一套能力转换机制。这套能力（能量）转换机制离不开思考力体系的完整性。

思维体系的完整性，决定了人对事物认知的科学性；思维方式的完善性，决定了人对事物把握的合理性。其中思维体系的完整性是由思维深度、思维广度、思想高度、思维速度组成的，思维方式的完善性是由科学思维水平、价值思维水平、应变思维水平的相互作用决定的。思维能力归根结底是一种精神力量，但当这种精神力量能够与所在的环境和一定的条件相结合的时候，在思维体系的作用下，就能够转化为行动力，并创造出物质的力量。

第 2 章

系统思维在内部审计工作中的运用

内部审计增加价值，内部审计影响未来。

——张海坤

2.1
战略思维运用

　　战略思维是指思维主体（个人或组织）对关系事物全局的、长远的、根本性的重大问题进行谋划（分析、综合、判断、预见和决策）的思维过程。运用战略思维，需要思维主体高瞻远瞩、统揽全局，善于把握事物发展总体趋势和方向。战略思维不同于一般的逻辑思维，很难表现为通过分析和归纳找出某种规律性的结论，也很难表现为通过统计建模揭示战略目标与行动方案之间的关联。

　　内部审计人员的层次越高，眼界也会越开阔，也越可能以战略的高度来审视内部审计工作带给组织的影响。成熟的内部审计人员不会片面地把发现问题作为衡量自己成绩的唯一尺度，而是把帮助组织实现目标作为更高的追求。具备战略性思维的内部审计人员更具有前瞻性，会更加深入地剖析问题的动因和影响，能够透过执行层面的问题看到制度层面、机制层面的问题，甚至是治理层面的问题，也能够给组织的决策层提供决策的建议，而不是具体问题的建议。

案例：运用战略思维，规划与开展乡镇内部审计工作

　　S 镇是我国东部地区经济比较发达的乡镇之一，2020 年全镇拥有大型企业 5 家，中小型企业 21 家，小型企业 500 多家，近 5 年财政收入在 18 亿 ~ 22 亿元。S 镇 2014 年起建立了农村集体经济审计联席会议制度，成立了 S 镇审计室，主要开展集体经济组织的财务收支审计、集体经济组织主要负责人（含村干部）经济责任审计以及其他专项审计。

S 镇审计室成立后开展了许多富有成效的审计工作，受到镇领导和县审计局的表扬。为了更好地做好内部审计工作，2019 年初 S 镇审计室提出运用战略思维开展内部审计工作，基本思路如下。

在制订年度审计项目计划时，要运用战略思维，统筹服务大局，了解乡镇财政管理的薄弱环节、需要重点关注的内容等，合理安排本年度审计项目计划，在实现村干部经济责任审计全覆盖要求的同时注重民生、涉农资金方面的审计。

在审计准备阶段，要从全局角度做好审前调查，编制出合理的审计方案，确定审计重点内容。

在审计实施阶段，要有条不紊地执行审计程序，同时用长远眼光思考问题，发现潜藏的深层次风险，及时指出影响乡镇经济健康、快速、持续发展的问题。

在审计终结阶段，就前期查出的问题要从整体思路上把握，学会抓大放小，把重要风险点及时反映给乡镇领导，督促整改并推动相关部门制订出相关规章制度，避免出现更多的问题。

案例：基于战略思维，构建内部审计评价指标体系

制订企业战略是企业在开展各项活动过程中建立独特能力的系统过程，这要求企业的运营活动、职能部门设置等环环相扣，最终形成优势突出、难以被复制的整体系统。内部审计是监督企业战略有效实施的重要力量，内部审计和企业战略实施拥有一致的活动范围和终极目标。内部审计引入目标相同、覆盖域相似的企业战略，能够更好地实现审计目标，提升企业价值。M 公司在长期的内部审计工作中，积累与构建了一套以战略思维为基础的战略导向型内部审计评价指标体系。

一、指导思想

基于战略思维视角，M公司审计部在设计内部审计的评价指标体系时，从战略管理、企业价值创造能力、公司治理、内部控制和风险管理5个方面进行细化设计，从而实现从战略制订到绩效评价的全过程评价。

1. 战略管理。

战略的制订是企业的首要任务，而审计企业战略决策的正确性和合理性也是战略导向内部审计的开始。战略的制订不仅涉及内外部环境判断、政策把控、各方利益牵扯，还受管理层个人管理风格的直接影响。因此，在设计指标体系时，应当主要考虑战略是否符合企业当前的内外部环境，例如是否符合当前的微观经济环境、产业生命周期以及宏观经济政策等外部环境，还要考虑与各利益相关方的拟合度、战略与企业能力的适配度以及战略与企业主体规模的适配度。

2. 企业价值创造能力。

在企业的日常经营中，产品最能体现企业价值的创造过程。土地、劳动力和资本，以及知识、研发、技术与管理者才能等生产要素，共同创造出具有价值的商品。研发、采购、生产、营销、运输、售后服务等活动串联成一条价值流动的链条，价值链上的每个活动都在创造价值。在很大程度上，商品的价值取决于顾客的需求程度，顾客是企业存在的必要条件，识别、分类顾客，并与最有价值的顾客建立紧密的联系才能更好地创造价值。因此，M公司审计部将企业价值创造能力的评价指标分为投资效率和产品价值。通过考察投资水平和总资产报酬率，以及营销效率、生产成本、研发费用和顾客价值等指标来综合评价企业的价值创造能力。

3. 公司治理。

公司治理是所有者和管理者间相互制衡的机制，良好的公司治理才能带来优秀的企业绩效和可观的红利。只有股东会、董事会和高管层的良好运转才能带来有效的公司治理，有效的公司治理有助于稳步提高企业的利润水平和利润质量。故而，M公司审计部将用董事会规模、独立董事比例、高管薪酬、二职合一、股东会规模、股权结构、流通股比例、重大事项决策能力等指标考察董事会、股东会的运作情况，以此来综合评价企业的治理水平。

4. 内部控制。

由于现代企业中存在委托人和代理人之间的利益冲突、信息不对称以及优质管理人才稀缺等问题，企业内部控制变得非常重要。M 公司审计部将内部控制的评价指标分为控制环境、风险评估、控制活动、信息与沟通、监督活动 5 个方面，并逐个细化设计二级指标。

5. 风险管理。

内部审计的使命就是"以风险为基础，提供客观的确认、建议和洞见，增加和保护组织价值"。风险及其管理是内部审计思维中需要考虑的重要因素。M 公司在评价风险管理时从风险控制主体出发设计相应指标，分别从决策层、管理层和作业层进行细化。

二、指标体系

依据上述指导思想，M 公司基于战略思维构建的内部审计评价指标体系如表 2-1 所示。

表 2-1　内部审计评价指标体系

决策层	一级指标	二级指标
战略管理	外部环境适配度	与宏观经济政策的适配度
		与微观经济环境的适配度
		与产业生命周期的适配度
	内部环境适配度	与企业能力的适配度
		与利益各方的拟合度
		与企业主体规模的适配度
企业价值创造能力	投资效率	投资水平
		总资产报酬率
	产品价值	营销效率
		生产成本
		研发费用
		顾客价值

续表

决策层	一级指标	二级指标
公司治理	董事会运作	董事会规模
		独立董事比例
		高管薪酬
		二职合一
	股东会运作	股东会规模
		股权结构
		流通股比例
		重大事项决策能力
内部控制	控制环境	企业内部控制制度
		部门设置
		企业违法违规次数
		企业文化和社会责任
	风险评估	目标确立
		识别风险点
		分析风险
		应对风险
		后续跟踪
	控制活动	不相容职务分离控制
		授权审批制度
		预算控制
		绩效考核制度
		财务系统控制
		重大风险预警机制
	信息与沟通	内部信息沟通
		外部信息沟通
		信息系统应用
	监督活动	企业内部监督制度
		企业缺陷披露情况
		企业缺陷整改情况
		内部控制审计报告
		内部控制评价报告
风险管理	决策层	企业风险管理体系
		风险管理机构设立
		重大风险应对机制

决策层	一级指标	二级指标
风险管理	管理层	风险应对方案执行力度
		风险应对方案更新频率
		风险综合报告
		风险项目报酬率
	作业层	作业指导书
		员工培训
		风险上报数量

2.2
整体性思维运用

　　整体性思维就是把思考问题的方向对准全局和整体，从全局和整体出发思考存在的问题和解决的办法。

整体性思维的经典故事：盲人摸象

　　盲人摸象既是一个古老的故事，也是一个经典成语。最早出自于《大般涅槃经》："其触牙者即言象形如芦菔根；其触耳者言象如箕；其触头者言象如石；其触鼻者言象如杵；其触脚者言象如木臼；其触脊者言象如床；其触腹者言象如瓮；其触尾者言象如绳。"这个故事告诉我们，认识事物要多角度、全方位地去整体考察。当只听到或看到事情的一部分时，不要自作聪明地胡乱猜测，只有对事物有全面的了解，才能得出正确的结论。这就是整体性思维。

　　整体性思维，要求内部审计人员在思考组织存在的问题及解决方案时，不能"头疼医头，脚疼医脚"，而是要全面地、系统地、深入地识别、归纳、总结、分析问题，从而查找本质原因，帮助组织找到解决问题的方法。整体性思维要求内部审计人员"躬身入局探其实，理性局外观其全"，鞭辟入里，药到病除；而不能东一榔头，西一棒槌，云里雾里，不得要领。在内部审计工作中，我们经常需要从被审计单位的生产、运营、财务、管理、研发，甚至整个产业链或生态链的整体和全局着眼，方可做到有的放矢，不至于顾此失彼，有所偏颇或遗漏。例如，当我们着手对一家集团企业开展审计工作的时候，我们就必须站在整个集团企业的层面来思考问题，必须关注集团企业的战略构想、市场地位、研发投入、运营状况、人力资源、地理位置、主打产品、技术优势、投资策略、融资策略等来做具体的思索和安排。也只有这样，我们才能从整体上鉴证集团企业的财务状况、经营成果、现金流量是否公允、合法、适当，才能保质保量地完成审计工作任务，发表恰当的审计意见。这就是审计的整体性思维。

案例：运用整体性思维，切实提高审计质效

2019 年 12 月 23 日，审计署网站上发表了广饶县审计局党组书记、局长张小刚的署名文章——《运用整体性思维切实提高审计质效》①，这是一篇体现整体性思维在审计工作中运用的好文章。内容如下。

面对新形势下的新要求，山东省东营市广饶县审计局科学统筹审计项目和组织方式，既提高工作效率，又保证审计质量，发挥出"1+1 > 2"的优势，实现审计项目系统化管控，审计资源整体利用。

一、巩固党建引领地位，在纪律作风上确保"整体"先进

广饶县审计局精准把握审计机关的政治定位，坚决把"两个维护"作为一切工作的立足点和落脚点。始终坚持"党建 - 业务"一体化推进，将 59 项 518 件党建工作分解到支部班子、工会、股室，建立了党建工作流程图和党建责任人职责分工表，严格落实"双向承诺"行动、"廉政回访"制度，做到业务工作开展到哪里，党的建设跟进到哪里，促进了党建、业务工作双提升双过硬。"乐安先锋·广饶审计"党建服务品牌在全市审计系统推广，2019 年机关党支部被授予全县先进党组织称号。

---

① 文章出自审计署网站。

二、强化思想先导作用，在顶层设计上保障"整体"协同

实施"三提四上"工程，把精气神提起来。广饶县审计局班子确定了"三提四上"的工作思路，即"提高政治站位、提升思想境界、提振工作激情，推动党建业务融合上水平、预算执行审计上水平、经济责任审计上水平、政府投资审计上水平"。工作中狠抓业务交流平台建设，建立每半月业务工作调度会、每季度务虚会机制，定期"来一场头脑风暴"，将业务思路、创新工作作为必谈内容，碰撞火花，凝聚共识。同时，健全正向激励机制，注重增强职业荣誉感，将"思想武器"的威力充分发挥出来。纪录片《"三提四上"新征程，规范提升促发展》在学习强国平台展播，充分展示了广饶审计队伍的良好风貌。

健全机制，把平台搭起来。扎实推进专班工作法，力求在审计"全覆盖"上求突破。成立了由主要负责同志任组长的业务工作专班，并根据审计人员特点，打破科室界限，成立了财政审计组、自然资源资产审计组、政府投资审计组、经济责任审计组、预算执行审计组等5个审计业务小组。将审计对象按体量实行ABCD分类评定，把工作分解到人、具体到周，实行"月考、季比、年底论英雄"，变"要我干"为"我要干"，构建起了定性和定量相结合、静态与动态相结合、平时与集中相结合的考核体系。严格执行《审计业务工作操作流程》和《审计项目质量量化标准》，通过审理小组审理、交叉执行的方式，促进了审计项目质量的提升。

科学规范，让管理效能高起来。总结形成了"3+1"标准化建设工作法，即党建工作标准化、业务工作标准化、机关管理标准化和重点工作台账式管理，先后制订完善27项标准规范，将130余项工作纳入台账式管理。研发了"台账式审计管控分析系统"，系统开发以实现审计项目统筹为基础，从审计对象管理、审计业务管理到机关管理，涵盖了5个子系统，28个功能模块。拓展了自然资源信息管理系统，实现了对自然资源管理部门的基础业务数据的分析查询。对工作全过程实行台账式计分管理，确保整体工作的规范化、科学化和精准化，实现了审计项目进度管理、工

作动态考核、档案电子化查阅和审计监督覆盖面统计等功能,达到了直观反映审计监督和审计项目完成情况的目的,为提升机关管理水平和实现审计全覆盖提供了技术支撑。

三、发挥融合优势,在运行机制上促进"整体"高效

围绕一个基点,绘就一张图表。近年来,广饶县审计局围绕提高审计质效,注重审计项目计划安排的整体协调性,着重发挥预算执行审计平台作用,通过对准一个单位,整合审计重点,统筹实施预算执行审计、政策跟踪审计、经济责任审计、自然资源资产审计,节约了人力资源,提高了审计效果。在 2019 年审计计划中,融合实施的项目比重占到62.07%。同时,积极落实全省审计"一盘棋"理念,把上级审计机关全年计划融入本级年度审计计划,加强审计成果和信息共享,发挥审计监督整体合力。

监督端口前移,优化项目组织方式。推行"以任中审计为主、离任审计为辅、审计交接为补充"的经济责任审计模式,将监督端口前移,计划2020 年安排经济责任审计项目 17 个,其中任中审计项目占 70% 左右。明确了"项目 + 专题"的现场审计方式,即在预算执行审计中注重构建财政审计大格局,将所有管理使用财政资金的部门、单位纳入预算执行审计范围,涵盖财政资金收、支、管、用各个环节,确保给"一审多果"打下坚实基础。在项目实施过程中,把政策措施落实跟踪审计作为重点内容予以关注,在审计报告中以专题反映,推动上级决策部署落地见效。

坚持科技强审,提升大数据审计能力。广饶县审计局建设了财政数据分析平台,成立了 2 个数据分析团队,每个团队配备了计算机、工程、环境、财政等方面的业务骨干,着重在大数据审计实用性方面进行攻关。通过探索实践,形成了"数据 + 现场"的审计模式,即在实施现场审计前,运用大数据审计手段对一级预算单位的财务数据、业务数据进行系统分析,精准发现问题疑点,做到一级预算单位每年覆盖一次。

案例：S市农商行运用整体性思维，提升审计效率和效果

2020年，S市农商行在深入贯彻落实省联社办事处重要决策部署的同时，根据S市农商行业务发展的实际情况，坚持"全面审计、突出重点"的工作方针，运用整体性思维，准确把握审计职能的新定位、审计改革的新形势及审计监督的新要求，进一步增强责任意识、使命意识、大局意识，梳理、整合、优化资源，大力推动审计管理创新，提升审计效率效果。

一是在思想上牢固树立宏观意识、大局意识，切实增强审计工作服务银行整体工作的自觉性和主动性，准确把握大局、自觉服从大局、坚决维护大局。一方面，按照省联社的部署要求，从政策层面考虑问题，充分体现审计的本质要求。另一方面，适应经济新常态、新形势，始终着眼全市经济社会发展大局来谋划和实施S市农商行的审计工作。

二是统筹安排审计项目，发挥整体合力。S市农商行立足审计全覆盖，在计划安排上贯彻审计整体性思维，统筹协调，在审计内容上相互呼应，在实施时间上前后衔接，科学编制中长期审计项目规划和年度计划。对年度内有两个以上部门需进行的检查项目，审计部门牵头相关部门，根据不同检查要求、侧重点和检查标准等确定检查内容，混合编组、同时进点。对涉及全局的重大审计项目，在坚持统一审计方案、统一组织领导、统一标准口径、统一审计报告、统一审计公告的基础上，灵活运用"上审下"、"交叉审"、统一编组、扁平化管理等行之有效的组织方式，既保障审计的独立性，又提高工作效率，灵活运用多种审计方式方法，不断提升审计成效。

三是梳理整合审计资源，提升审计效率和效果。一方面，S市农商行审计部在充分发挥自身信息资源优势的同时，加强与外部专家的工作联系，争取优势互补，特别是在一些专业性很强的领域，如企业财务报表分析，及时向专业的人员请教，提升工作质量、节约时间成本。另一方面，加强横向联合，积极整合内部监督资源，合理地利用内部监督体系中有关职能部门的功能、权威和信息，建立广泛的、必要的联系和配合，注重审

计计划的沟通、审计过程的合作、审计信息的共享，从以本部门独立开展监督为主向注重和促进职能部门发挥专业管理和监督作用转变，构建内部审计与其他职能部门的协同机制，大力推进审计监督全覆盖，提升审计效率和效果。

四是积极促进成果运用，确保后续审计效果。S市农商行通过对已审计项目的认真梳理，归纳整理存在的问题及风险点。对于审计中发现的个性化问题，强化自我整改、自我纠偏，要求涉及部门、涉及支行自拟整改方案，自定到位时间。对于违规违章行为，要求当事人对照制度自拟处罚决定，对照制度反思不足，对照要求进行自省，实现吐故纳新。对于审计中发现的共性问题，整体思考，源头补漏。审计中发现的共性问题大多数是因农商银行本身在体制机制、制度上和流程设计方面存在瑕疵产生，因此对于一些共性问题，必须运用整体思维，从制度、流程上进行修订和完善。对于不适应形势发展需要的制度和流程，由条线自行梳理完善，制订整改时间路线图，审计部门跟踪管理。对于屡整屡犯问题，进行培训考核。审计部门定期组织全行员工进行案例分析专题培训视频会议，对审计中发现的问题进行通报，落实整改措施，杜绝违规操作、有章不循的问题发生。

2.3 / 结构化思维运用

结构化思维是指从结构的角度出发来思考、表达和解决问题。如果说整体性思维是从"整体到局部",那么结构化思维就是"从局部到整体"。老子所说的"一生二,二生三,三生万物"就是结构化思维运用的经典描述。"当你经常在领导面前表现出逻辑思维严密的结构化思考的时候,当你经常把结构化的行动方案提交到领导手中的时候,晋升机会就离你不远了,也许只是一个时间的问题。"[①]

结构化思维的经典故事:手书

在济南历史博物馆,有一份指导济南战役的手书,手书开门见山地说:"就目前局势看,关于济南的战役,无非三种情况。第一种情况,我军先于敌军到达济南;第二种情况,我军与敌军同时到达济南;第三种情况,敌军先于我军到达济南。"然后——讲述每种情况下我军应如何展开战斗。这堪称结构化思维的经典。[②]

组织作为一个整体是由各部分组成的,部分与部分之间的组合是否合理、联系是否紧密,对组织系统有很大影响。结构化思维,就是以组织的

---

① 《结构化思维:让你离晋升更近一步》,作者不详。
② 《巨人倒下背后的企业思维能力》,作者胡浩。

结构为思维对象,以对组织结构的积极建构为思维过程,探寻组织结构优化的一种思维方法。结构化思维的本质是建立框架,将搜集到的信息、数据、知识等素材按一定的逻辑进行归总,继而让复杂的问题简单化,最终透过现象看本质。

以下是结构化思维过程拆解九个步骤[①]。

1.定义问题:把问题写下来并进行充分讨论。

2.提出核心建议:提出核心的观点和建议,并以此为基础进行扩展。

3.选择结构:建立一个初步的结构框架,并将其视觉化。

4.创建故事:用故事思维把观点叙述出来。

5.讨论/打磨:与不同的人交流,得到他们的反馈并修改提案。

6.选择重要事件:重新审视框架,找出有力事件。

7.证明或推翻假设:通过分析来证明或者推翻假设。

8.整合信息:选择一个适合沟通对象的沟通方式。

9.分享想法:呈现最终提案。

在结构化思维中,正确地定义问题最为重要。为此,我们需要找到利益相关人,尤其是单位领导最关心的触动点。所谓触动点,指利益相关人最关心的衡量标准或目标,不同利益相关人关注点各有侧重。例如销售总监最关心销售额,财务总监关注的是利润增量,人力资源总监的关注点在于吸引与留住人才。在实际工作中,我们很多人都会直接去收集整合海量的数据资料,然后做大量的分析,再从现有的分析中找寻灵感,但最后做出的方案往往会被领导直接否决。为什么?因为没弄清楚领导真正想要的是什么,收集了一堆看似相关的资料,结果只是浪费时间而已。怎样才能触动领导呢?领导不是每次都会明确地告诉你他想要什么,所以你需要反复跟他确认,直到双方达成共识。

此外,汇报的方法也很重要,必须让领导能看懂报告。汇报工作最忌

---

① 费廖洛. 极简思考:来自世界顶尖咨询公司的高效工作法 [M]. 世宜,译. 北京:九州出版社,2018.

讳的就是长篇大论而又没有重点，不说逻辑结构，连最基本的条目都没列清楚。这种汇报肯定会被否决。汇报的基本方法就是要运用结构化思维，讲究逻辑结构。

审计人员在分析问题、解决问题时，需要将各种零散的想法，装进某种框架中，形成系统化、层次化的内容，这就是结构化思维的体现。比如，在对子公司或分公司进行审计时，审计人员必须了解整个集团企业的架构，准确把握子公司或分公司在整个集团企业中的重要程度，从而更好地分配审计资源，将最优的审计资源分配到最需要的地方。

案例：用结构化思维做审计，晋升会更快

小张是一个帅小伙，在 S 公司做内审已经快十年了，脑子灵活、工作主动、干活勤快、有积极性，却一直没有被提拔，为什么呢？看看他的两则工作表现吧。

工作场景一：审计口头汇报

小张："刘姐（审计项目经理），上周我去安徽外租仓库盘点物料，您是知道的。"

刘姐："嗯，知道。"

小张："我看到仓库有好多问题。仓库里面多处没有灭火器、灭火器挺脏的，消防通道被堵塞了，地面非常脏。我都拍照片了，给您看看（后续发了 8 张照片）。对了，仓库还没有防盗窗，也没有摄像头，估计物料可能会被偷。"

刘姐："哦。盘点结果是否有差异？"

小刘："我们进行了账实双向盘点，盘点结果是盘亏了 0.025 吨物料，数额比较少，外租仓库已经同意赔偿我们了。"

工作场景二：给审计项目经理的邮件

刘姐好！

11 月 17 日，贸易部跟单员小赵回复了一封邮件，物料盘亏 200 吨，

并将原因归结为 3 点：系统初始化问题、与客户计量方法不一致、历年累积所致。

11 月 23 日，我电话联系财务部主管就小赵提出的几点原因跟她一一沟通。根据事实统计测算，以上 3 种原因按正常情况根本不足以导致 200 吨物料的重大差异，而且他们并没有对各种原因产生的影响进行区分，无法判定导致差异的根本原因，对他们回复的理由我表达了不能接受的意见，同时要求他们继续跟进检查。当日，再电话联系贸易部王部长，请王部长协助继续推进贸易部盘亏原因的调查工作，王部长在电话中答应会安排此事。

当时由于更新系统的事情，暂停了联系贸易部的跟进工作，今天联系贸易部跟单员小赵，还未得到回复。因此，暂时还不清楚贸易部检查进度。

11 月 25 日
小张

从小张的以上两则工作场景的表现来看，其沟通多是情感化沟通、时间顺序性沟通，信息传递过于注重细节，重点不突出。因此，未能让领导在第一时间抓取关键信息、关键环节，从而导致工作成效较低。

其实，若按照结构化思维原则与领导沟通，抓住事件重点，将沟通内容稍做修改，将复杂的问题简单化，可提升工作效率，升职就离他不远了。

场景一：外租仓库消防管理、5S、防盗安全等严重不达标，盘点结果无重大差异。

场景二：贸易部未能逐一解释 200 吨物料盘点差异，贸易部王部长已经开始协助调查，预计在 ×× 日前将调查结果反馈审计部。

案例：X 集团运用结构化思维，构建问题导向型内部审计模式

审计模式指为了实现特定的审计目标而采取的审计策略、方式和方法

的总称，它解释了审计人员在实施审计工作时，从何处入手、如何入手的问题。

X集团是国内著名汽车生产厂商之一。集团审计部近年来大力创新，取得较好成绩，得到股东和集团高层领导的认可。其中一个重要举措就是运用结构化思维，构建问题导向型内部审计模式。所谓问题导向型内部审计模式，即围绕问题开展审计，从问题入手，对问题展开分析，旨在促进问题的解决。

在问题导向型内部审计模式下，审计目标是解决突出问题，促进组织依法履职和规范管理；审计对象是组织运行和发展中存在突出问题（重大控制缺陷、重大风险隐患、重大绩效问题、重大履职不到位等）的领域以及问题多发、易发、高发的环节；主要审计内容是围绕问题（及延伸的若干子问题）收集审计证据，确认问题的存在，并围绕问题展开调查研究，分析问题的成因和影响；审计方法是在使用必要的审计查证方法的基础上着重运用问题分析法，提出问题、确认问题、解决问题；审计报告的核心内容包括确认存在的突出问题及其成因与影响、具有针对性和建设性的改善建议等；审计成果运用体现为通过提出建议有效解决问题、建立预防机制、开展后续审计等。

问题导向型内部审计的首要任务是做好选题立项。X集团审计部通过调查、访谈等方式，了解集团公司及领导的关注点，并从宏观全局的角度，密切关注公司的重要模块和关键业务，认真观察和研究公司发展和运行中存在的重大问题。2020年审计部共设立了涉及内部控制、风险管理、隐性损失等15个重要选题，按问题的轻重缓急计划安排审计时间。

坚持问题导向，加强审计分析至关重要。问题分析法是问题导向型内部审计模式的核心，是依照结构化思维，确认问题并寻找问题发生原因的分析方法。对于确定的选题，X集团审计部按问题分析法实施审计工作，包括四步，如图2-1所示。

第一步是确认问题，即确认问题是否真实存在，如果存在，应进一步确认实际状况与应有标准（目标）之间的差异是什么。

第二步是分解问题，即把问题分解成若干子问题（问题的各种表现），并区分问题的紧急程度和严重性。

第三步是分析问题，即找出可能导致偏差的内外部、主客观、直接和间接、历史与现实等各种原因，提出假设并验证假设，确定产生偏差的真正原因。

第四步是得出审计结论、提出审计建议，并评估审计建议的效果和影响。

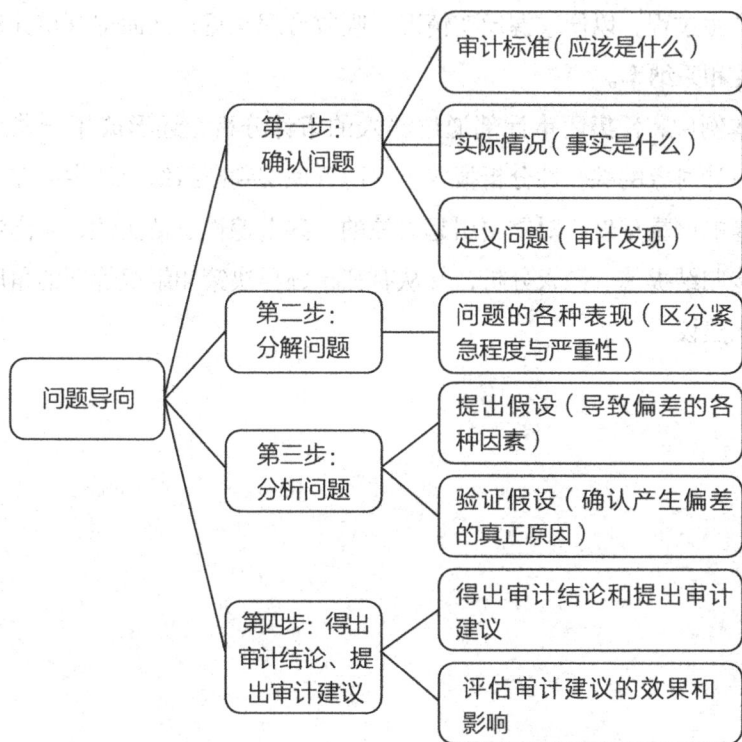

图 2-1　按问题分析法实施审计工作的步骤

审计建议作为重要的审计成果，是衡量审计工作建设性水平的重要标准。在问题导向型内部审计模式下，内部审计是一个发现问题、分析问题、解决问题的过程，三个环节之间存在内在的联系和制约。首先，审计建议要具有针对性，它来自对前两个环节的全面把握和深刻理解。内部审计人员必须全方位掌握审计发现，包括问题的发生过程、与其他问题的联系等，并在此基础上深入挖掘问题产生的背景和原因，包括问题发生主体的动机、客观的条件等。其次，审计建议要具有可操作性。内部审计人员要充分考虑被审计对象的客观条件、职责权限以及审计建议的成本效益等因素，使所提建议能够在整改实践中切实实现。最后，要完善对审计建议的跟踪回访机制，对审计建议的采纳情况、产生的效果和影响进行评估，提升审计建议的附加值。值得注意的是，与审计对象的沟通应该贯穿审计建议的产生过程，以便掌握现实情况、吸收合理意见，从而提升审计建议的有效性和采纳率。

　　在本例中，X集团审计部通过深入的审计分析，还形成了一些跨年度、跨审计对象的综合性分析报告，帮助管理层判断组织管理中存在的风险和问题的严重程度，对需要引起关注的一些普遍性、苗头性、倾向性问题进一步归纳提炼、深入分析，并从有利于领导决策和组织管理的角度提出合理化建议。

2.4 / 风险思维运用

　　风险思维是指内部审计人员应该将风险观念贯穿审计工作的始终，即在审计过程中能够预见可能导致组织经营过程和结果偏离目标的各种因素，采取预防措施，最大限度地降低不利影响，并最大限度地利用可能出现的机遇。内部审计的使命就是"以风险为基础，提供客观的确认、建议和洞见，增加和保护组织价值"。因此，内部审计在计划及实施审计过程中，都应该充分考虑组织的战略、目标及风险，努力帮助组织提升组织治理、风险管理和内部控制水平，在创造组织价值过程中起关键作用，来履行自己的使命。

　　风险可谓无处不在，无时不有。内部审计虽然不直接管理风险，但是需要评估和评价风险。现代的内部审计人员应该也是一名风险管理师，对风险理论要有系统性的了解。内部审计人员与其他人的不同之处就是要看到别人看不到的风险。从业务流程的端到端，有关制度流程的缺失、缺陷等方面，内部审计人员要运用风险思维洞察组织经营存在的漏洞，告知管理当局风险的大小和风险带来的影响，并督促制订风险应对策略。

风险思维的经典故事：孙冕的预见

　　人无远虑，必有近忧，这讲的是风险意识。北宋沈括的《梦溪笔谈》中就讲了这样一个故事。宋仁宗年间，进士出身的孙冕任海州知府，他眼光长远，决策超前。海州（现江苏省连云港市海州区）靠海，百姓多以晒盐为生。当时盐是紧缺商品，利润很高。海州因盐业而物阜民丰，社会祥和。有一年，他听说朝廷发运司（总管漕运事务）准备在海州再建三个大盐场，孙冕坚决反对，并提出许多理由。后来发运使亲自来海州谈盐场设置之事，还是被孙冕顶了回去。为此惹怒了当地百姓，上疏求罢孙冕。孙冕苦口婆心，祥陈其害："官买盐虽有近利，官盐患在不售，不患盐不足，盐多而不售，遗患在三十年后。"无奈百姓不懂，加之官商勾结，"至孙罢郡，卒置三场"。后来，孙冕的预见果然得到应验。几十年后，由于运输、销售不畅，囤盐日增，盐场多亏损负债或破产，从而导致当地刑事案件激增，流寇盗贼、徭役赋税等均超以前。这时，百姓才开始明白，孙冕为官正直，深谋远虑。

企业风险管理不是一个简单的控制程序，而是一套由技能、能力、方法、工具与文化等相关内容构成的集合体，各项内容之间并非孤立存在，而是相互联系的，并成为组织决策的有机组成部分。内部审计在企业风险管理方面的核心作用之一是确保风险得到正确评估与应对。现实工作中大多数内部审计人员将内部控制的充分性作为重点关注内容，但在风险思维理念下，"风险"才是内部审计更应关注的核心内容，内部控制仅仅是减少风险的一种方法。因此，内部审计人员应该很好地掌握与运用风险思维，去识别、评估、分析、应对、审查和报告风险，提高审计效率，提高审计结果的使用程度，从而为提升组织价值提供帮助。

案例：以风险为导向，制订年度审计计划

北青食品公司是一家典型的生产加工企业。企业规模不大，内部审计人员较少，因此，如何选择被审计对象，集中有限的审计资源进行有重点的审计很重要。在内部审计年度计划的制订中，北青食品公司充分运用风险思维，先对潜在审计对象的风险分值进行估算，将风险按分值

大小由高到低排列，然后结合审计资源，确定审计对象，制订年度审计计划。

其基本程序如图 2-2 所示。

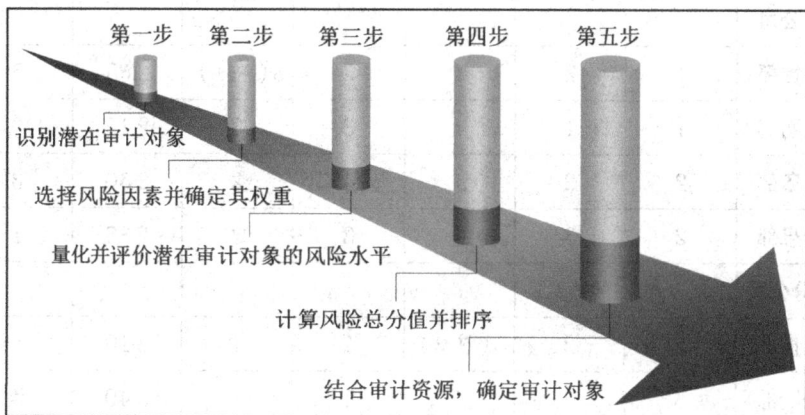

图 2-2 风险思维理念下内部审计计划的确定

第一步，识别潜在审计对象。北青食品公司首先对潜在审计对象按职能进行划分，从中确定了 12 个初选对象。

第二步，选择风险因素并确定其权重。公司审计部从公司整体角度出发选择内部控制（30%）、管理者的能力（20%）、信息化程度（15%）、资产规模（15%）、经济环境（20%）等五种最主要的风险因素并确定其权重（括号内的数字）。

第三步，量化并评价潜在审计对象的风险水平。审计部采用问卷调查、邀请管理人员座谈、参阅以往的内部审计工作记录等方式依次对潜在审计对象的五种风险因素进行评估（5 表示风险最高，1 表示风险最低）。

第四步，计算风险总分值并排序，如表 2-2 所示。

表 2-2　风险评估排序表

潜在审计对象	内部控制（30%）	管理者的能力（20%）	信息化程度（15%）	资产规模（15%）	经济环境（20%）	风险总分	排序
总公司							
销售部	1	2	4	3	3（注1）	2.35	5
采购部	1	1	4	3	3	2.15	7
财务部	2	2	4	4	2	2.60	3
信息部	2	3	4	3	3	2.85	1
一分公司							
销售部	2	2	5（注2）	1	1	2.10	8
采购部	3	2	5	1	1	2.40	4
二分公司							
销售部	3	4	4	1	1	2.65	2
采购部	3	2	4	1	1	2.25	6
......							

注1：由于总公司的业务要多于分公司，所以其经营环境的风险较高。
注2：由于一分公司最近更换了信息系统，故其信息化程度的风险较高。

表 2-2 结果显示，总公司信息部的风险最大（2.85），一分公司销售部风险最小（2.10）。如果内部审计部门的人力资源（时间）有限，在考虑审计对象时，应该优先安排对总公司信息部的审计，然后是二分公司销售部、总公司财务部等部门，最后才安排一分公司销售部。

第五步，结合审计资源，确定审计对象。内部审计人员以风险从高到低的顺序将被审计对象排序，估计审计时间如表 2-3 所示。

表 2-3　审计时间预估表

待选审计对象	次序	估计时间（小时）	累计时间（小时）
总公司信息部	1	1 750	1 750
二分公司销售部	2	1 500	3 250
总公司财务部	3	1 250	4 500
一分公司采购部	4	1 500	6 000
总公司销售部	5	1 500	7 500
二分公司采购部	6	1 200	8 700
总公司采购部	7	1 300	10 000
一分公司销售部	8	1 100	11 100

由于北青食品公司只有 5 名审计人员，按一年 52 周，每周 5 个工作日，平均每个工作日有效审计工作时间 6 小时计算（假定已经考虑加班、会议、休假等因素），则全年有效审计工作时间为 7 800 小时（52×5×6×5）。

在这种情况下，北青食品公司的审计策略应该是：选择总公司信息部、二分公司销售部、总公司财务部、一分公司采购部、总公司销售部为被审计对象进行系统审计，剩下的时间（300 小时）可以用于对二分公司采购部进行审计复核，或作为其他机动时间。

当然，在实际工作中，制订年度审计计划时也要根据管理部门或董事会的特定要求确认审计对象，甚至会应潜在审计对象自身的要求确定审计对象，实施内部审计。

案例：基于风险思维，开展风险管理审计

一、Y 公司背景及审计部简介 [1]

Y 公司是一家集聚"黄金矿业、非金矿业、黄金交易及深加工业、高

---

[1]　甄清 . Y 公司风险导向内部审计案例研究 [D]. 中国财政科学研究院，2016.

新技术产业、房地产业以及金融业"六大产业的大型综合性国有集团公司，是我国重要的黄金生产及加工企业，公司的黄金已探明储量与年生产量均在行业前列。Y公司现有总资产约400亿元，拥有8家全资子公司，13家控股子公司，8家参股公司。目前，Y公司在全力加紧对外开发和探矿增储工作的同时，通过并购等形式扩大产业规模。公司现有5座本埠黄金矿山，在新疆、甘肃、内蒙古、云南、四川、山西等全国11个省市拥有16家埠外矿山企业，公司的储备资源丰富、实力雄厚。

Y公司始终坚持管理创新战略，注重内涵式科学发展。Y公司大力推进并运行了遵循质量、安全、环保相关国际标准的管理体系，实现了由传统管理向现代管理的飞跃。公司还先后荣获了"全国重合同守信用企业""全国设备管理优秀单位""全国厂务公开民主管理先进单位""全国企业文化建设优秀单位""省级文明单位"等二十多项省部级以上荣誉称号。

Y公司管理层非常重视风险管理，搭建了三个层级的风险控制机构。第一个层级是董事会下设的由集团公司董事长亲自担任主任的风险控制委员会。第二个层级是风险控制委员会下设的风险控制执行组，其主要职责是保障风险控制委员会相关风险管理政策在业务层面的实施。风险控制执行组的组长由审计部门负责人担任，组员包括期货公司、产业投资公司的负责人，以及涉及相关业务的各企业主要负责人。第三个层级是各个下属企业层面的风险控制机构，负责具体相关风险控制政策在各个下属企业的具体实施。各层级企业风险控制机构的人员包括各层级企业的总经理、分管副总以及其他人员。

Y公司审计部是一个相对独立的专门机构，直接受董事长领导。审计部由12位经验丰富，具有不同专业背景的人员组成。近三年来，Y公司审计部结合行业特点，拓宽审计领域，以风险思维作为审计的基本思维，以风险控制为基点，逐渐把审计职能前移，探索出一种具有Y公司特色的内部审计新模式。

二、运用审计思维，形成风险管理审计初步策略

1. 识别影响 Y 公司实现企业目标的风险。

Y 公司的总体发展目标是逐步成为具有优良成长性、较强竞争力的以黄金为主的中国顶尖、世界领先的黄金生产商，具体可以分为四个方面。

（1）在资源储量方面，加大地质探矿力度，加快对外扩张步伐，提高资源储量。

（2）在项目建设方面，进一步加快项目建设速度，对重点项目，集中资源、打破常规、倒排工期、强力推进。

（3）在技术创新方面，以创建国家级技术中心、省级工程研究中心、省级实验室"三大科研机构"为突破口，加速推进"科技兴金"战略。

（4）在安全环保方面，把安全环保放在重要的位置，大力投入安全环保资金，并在矿产资源开发与利用的全过程中坚持绿色采矿、用矿的理念。

Y 公司审计部根据公司的总体战略、发展目标以及五年经营规划，在分析 Y 公司内部外部经营环境的基础上，提炼出影响 Y 公司目标实现的主要风险因素，并形成风险清单。Y 公司的风险清单如表 2-4 所示。

表 2-4　Y 公司的风险清单

序号	风险因素	风险因素说明
1	扩张成本过高风险	Y 公司付出巨大的成本进行矿山的并购与开发，若规模扩张带来的收益不能覆盖成本并产生新的收益，将对公司产生负面影响
2	探矿效率低下风险	Y 公司投入大量资金进行金矿、银矿、铜矿的勘探，探矿效率的高低直接影响公司的资源储备以及经营效益
3	企业管理不到位风险	Y 公司近年来扩张速度加快，公司的业务更加多元化，如果管理层管理不到位，企业经营可能会受到负面影响
4	项目建设周期过长风险	Y 公司近五年规划重点建设 40 个项目，总投资 86 亿元。重点项目建设能否如期保质完成影响公司的经营效益
5	产品价格剧烈波动风险	Y 公司的主营业务涉及黄金、白银、铜等产品的销售，产品价格的剧烈波动能够对企业的经营成果产生巨大的影响

序号	风险因素	风险因素说明
6	企业资源整合风险	Y公司目前涉及六大板块的业务，各板块的业务资源能否有效整合并发挥协同效应，很大程度上影响公司的经营效益
7	生产工艺落后风险	同行业公司正在加大对黄金生产的科研投入，提高工艺水平。如果Y公司生产工艺落后于行业平均水平，市场竞争力可能降低
8	重大安全事故风险	Y公司业务涉及矿山的开采以及金属的冶炼，生产环境艰苦，安全隐患点较多，如果不能有效应对，极易发生重大安全事故
9	重大环境污染风险	Y公司的冶炼业务会排出大量的有毒废水，对环境影响较大，如果不能及时有效地处理，极易发生重大环境污染事件
10	存货管理风险	Y公司的存货包括大量的黄金、炸药以及氰化钠，如果存货管理不到位，可能引发重大的经济损失以及安全事故
11	资金供给风险	Y公司资本运作频繁，对外投资额巨大，公司通过各种手段进行外部融资，如果外部融资出现问题，资金供给可能存在风险

2.评估影响Y公司实现企业目标的风险。

Y公司审计部从风险发生的可能性以及影响程度两个方面对影响其目标实现的风险进行评估，并制订了适合本公司的风险评估标准，如表2-5、表2-6所示。

表2-5　Y公司风险发生可能性评估标准

定性评估	情况描述	定量评估
极高	常常会发生或今后1年内至少发生1次	5
高	较多情况下发生或今后一年内可能发生1次	4
中等	某种情况下可能发生或今后2～5年可能发生1次	3
低	极少情况下才可能发生或5～10年内可能发生1次	2
极低	一般情况下不会发生或今后10年内发生的次数可能小于1次	1

表 2-6 Y公司风险发生影响程度评估标准

定性评估	情况描述	定量评估
极高	违反法律；公司长时间经营活动停止；公司的声誉受到严重的不良影响；给公司带来的经济损失在 1000 万元以上	5
高	违反行政法规；公司的经营活动受到较为严重的影响；公司的声誉受到较大的不良影响；给公司带来的经济损失在 500 万~1000 万元	4
中等	违反公司内部规章制度；公司的生产经营活动受到一定的负面影响；给公司带来的经济损失在 100 万~500 万元	3
低	违反公司内部规章制度；给公司经营活动带来不便，但不会影响企业目标的实现；给公司带来的经济损失在 100 万元以下	2
极低	给生产经营活动的效率带来负面影响，仅造成极小不便，不影响公司目标的实现；不涉及经济损失	1

　　Y公司审计人员依据上述的定性与定量标准对公司的主要风险因素进行评估，评估的结果如表 2-7 所示。

表 2-7 Y公司风险因素评估结果

序号	主要风险因素	发生的可能性	发生的影响程度
1	扩张成本过高风险	2	4
2	探矿效率低下风险	3	2
3	企业管理不到位风险	3	4
4	项目建设周期过长风险	2	2
5	产品价格剧烈波动风险	4	4
6	企业资源整合风险	3	2
7	生产工艺落后风险	2	4
8	重大安全事故风险	4	5
9	重大环境污染风险	5	4
10	存货管理风险	5	3
11	资金供给风险	3	3

Y 公司审计人员对公司存在的主要风险因素发生的可能性以及对企业目标影响程度的大小进行评估之后，依据评估结果绘制风险坐标图，对风险进行进一步的分析。风险坐标图如图 2-3 所示。

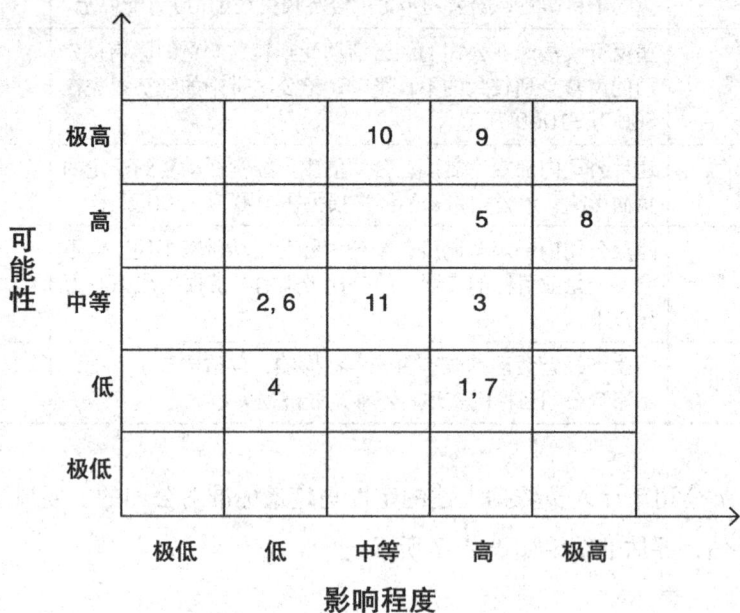

图 2-3　Y 公司风险坐标图

从 Y 公司的风险坐标图可以看出，风险因素 5、8、9、10 处于高风险领域，对应的风险分别为产品价格剧烈波动风险、重大安全事故风险、重大环境污染风险以及存货管理风险。Y 公司审计部门对这四个重要的风险因素进行进一步分析。

风险因素 5：产品价格剧烈波动风险。首先，Y 公司黄金加工与销售业务中外购黄金占的比重较大，一般情况下，外购黄金从客户下单订购到标准金锭入库，冶炼周期大约为一个星期，如果金价在这段时间内出现剧烈波动，可能会对 Y 公司的黄金销售价格产生不利的影响。其次，Y 公司平时保存大量的黄金，常规日库存在 500 千克左右，如果黄金价格出现剧烈波动，库存黄金的价值可能会受到不利影响，进而拖累 Y 公司的经营业绩。最后，Y公司黄金销售与加工业务存在复杂的上下游定价模式，如果不能进行科学有效的风险管理和控制，微薄的加工利润很容易被巨大的价格波动风险吞噬。产品价格剧烈波动风险可能会和Y公司营业收入的准确性、应收账款的计价与分摊等领域的错报相关。

风险因素8：重大安全事故风险。Y公司是我国重要的黄金生产企业，黄金产量大。黄金的生产需要大量的具有危险性质的原辅料，例如炸药、雷管等火工材料以及氰化钠等危险化学品。这些具有危险性质的原辅料如果处置不当很可能引发重大的安全事故。重大安全事故风险可能与Y公司财务报表层次的错报相关。

风险因素9：重大环境污染风险。黄金的生产需要经过采矿、选矿、冶炼以及精炼等环节，在每一个环节都会产生大量的固体或液体有毒废弃物，这些废弃物如果未能及时有效地得到处理，就很可能造成严重的环境污染。当前环境下，我国越来越重视经济发展的可持续性，对环境的保护也越来越重视，很多造成环境污染的企业受到了严厉的经济处罚并进行停业整顿，如果Y公司出现重大环境污染事件，其正常经营很可能受到重大影响。重大环境污染风险可能与Y公司财务报表层次的错报相关。

风险因素10：存货管理风险。Y公司不但存有大量的黄金，还存有大量具有危险性质的火工材料以及有毒化学品，如果存货的管理不到位，可能会引发公司巨大的经济损失，甚至是重大的人员伤亡，可能给公司的经营带来灾难性的后果。存货管理风险可能与Y公司营业成本的发生、准确性以及存货的存在与完整性等领域的错报相关。

3.根据风险的重要性水平，制订审计计划。

Y公司审计部结合风险坐标图中风险因素的评估结果以及公司的战略规划，制订年度审计计划，合理分配审计资源，选择重点审计项目，编制审计实施方案。

三、在审计实施阶段贯彻风险思维

对于审计计划中已经确认的重点审计区域，Y公司内部审计人员通过实施控制测试对内部控制设计的合理性及执行的有效性进行评价。在控制测试的基础上，Y公司内部审计人员通过运用检查、监盘、观察、查询及函证、计算、分析性复核等方法收集足够的审计证据，评价现有的控制措施能否有效地管理风险并将风险水平降低至可接受的低水平；对于未能进行有效管理的风险，评估剩余风险水平并制订风险的应对策略。

1.Y公司主要风险因素控制措施及效果评价。

（1）产品价格剧烈波动风险的控制措施及效果评价。为了获取控制措施有效性的审计证据，审计项目组成员检查了相关的制度文件、观察了销售人员及期货交易人员的业务活动，并对销售部门及期货交易部门的领导进行了访谈。另外，审计人员对公司近三年的销售收入、销售成本、存货价值及产品价格实施了分析程序。Y公司针对产品价格剧烈波动风险，设置了专职销售人员，他们在公司制订的销售制度和销售策略制约下，根据产品市场价格的长期走势和即时变化，进行产品的销售，实现销售价格最优。Y公司坚持"专业化管理、集团统一销售"的模式，较好地把握了产品价格走势，适时进行黄金销售。另外，Y公司利用黄金期货和T+D业务（延期交易业务）对冲产品价格波动风险，对主要产品进行合理套期保值，有效化解经营风险，平抑公司经营业绩的波动。为此，Y公司制订了《金融衍生品交易管理办法》和《关于套期保值操作规范的指导意见》，对该项业务进行严格管理，保障套期保值业务的顺利进行。

Y公司内部审计人员在对产品价格剧烈波动风险的控制措施进行测试后，认为现有的措施在一定程度上能够缓解产品价格剧烈波动风险给公司带来的不利影响，但是也存在一定问题。例如设置专职销售人员根据产品市场价格的长期走势和及时变化进行销售，为了能实现较好的销售价格，销售人员需要有较高的专业判断能力，但是部分销售人员的专业判断能力较差，可能不能较好胜任销售工作。另外，Y公司对期货交易进行审计时发现，部分下属公司存在违规开户、期货交易不按制度进行操作等问题。

（2）重大安全事故风险的控制措施及效果评价。为了获取Y公司安全生产控制措施有效性的审计证据，审计项目组成员检查了与安全生产相关的制度文件及消防设施的配备情况，观察了安全检查人员的业务活动，并对安全生产部门的领导进行了访谈。另外，审计人员对近三年发生的安全事故及原因进行了统计与分析。在安全生产方面，Y 公司设立了安全管理委员会，对公司的安全工作负总责，督促落实相关法规和政策的执行情况。Y 公司制订了《职业危害预防制度》《安全生产教育培训制度》《安全生产事故管理制度》《爆破物品安全管理和爆破作业制度》《危险化学品安全管理制度》《设备安全管理制度》《特种设备安全管理制度》《放射源管理制度》《安全生产例会制度》《劳动保护管理制度》等一系列规章制度保障安全生产。同时，Y 公司制订了《安全生产检查制度》以规范隐患排查治理工作。公司实行定期、不定期检查和抽查制度，每半年组织一次安全生产大检查，每季度组织一次检查，在特殊节假日组织专门检查。在安全生产上要求领导把安全工作列入重要议事日程，深入生产现场，检查企业的设备、设施、安全卫生措施、生产环境条件以及人员的不安全行为，对查出的不安全因素，限期整改。另外，Y 公司强化应急救援工作。公司认真汲取已发生的重特大安全事故教训，认真组织应急管理专项检查和整治活动，对各单位的应急救援器材进行了全面摸底，并结合上级文件要求和公司实际情况，制订了公司内部的矿井救护器材配备标准，要求各单位严格按标准配齐备足相关救护器材。

Y 公司内部审计人员在对上述的控制措施进行测试后，认为相关制度设计能够控制重大安全事故风险。Y 公司在生产经营过程中，严格按照相关制度进行安全隐患的排查及处理，较好地应对了公司的重大安全事故风险。

（3）重大环境污染风险的控制措施及效果评价。为了获取 Y 公司环保方面控制措施有效性的审计证据，审计项目组成员检查了公司环境保护相关的制度文件、环保设备的运行记录，核实了监管部门的处罚情况，观察了废弃物处理作业情况，并对环保部门的领导进行了访谈。另外，审计人员对近三年发生的环境污染事件及原因进行了统计与分析。Y 公司制订了《环境保护管理制度》，对公司日常的环境保护工作进行管理和监督，环境保护部门定期编制环境保护综合整治计划并监督实施。同时，Y 公司加大环保投入，不断提高生产与环境保护相关的技术，努力实现废气、废水、废渣达标排放，杜绝有害物质的泄漏。

Y 公司内部审计人员在对上述重大环境污染风险控制措施实施审计测试后，认为公司具备基本的环境保护管理制度，规范了环境保护工作。另外，公司配备了先进的污染物处理设备，对影响环境的污染物进行了及时有效的处理。但是，公司环境污染应急机制不健全，一旦出现重大环境污染事件，Y 公司可能缺乏有效的应急措施，重大环境污染事件可能不能得到及时有效的应对，仍然存在一定的重大环境污染风险。

（4）存货管理风险的控制措施及效果评价。为了获取 Y 公司存货管理方面控制措施有效性的审计证据，审计项目组成员检查了存货管理相关的制度文件，观察了存货储存的环境及存货管理人员的业务活动，并对存货管理部门的领导进行了访谈。Y 公司制订了《Y 公司存货管理条例》，对存货的管理实行职责分离制度。从计划、采购、验收、入库保管、领用、库存及盘点到财务核算整个存货流转环节进行职责分工，以确保存货整个流程各环节的顺畅、有序、可控及牵制。Y 公司存货有关原始记录由采购部门、仓库保管部门、财务部门妥善保管，入库的存货按照相关要求在指定的地点分类整齐存放，以便于盘点和存取。对于具有危险性质的存货，Y 公司制订了《爆破物品安全管理和爆破作业制度》《危险化学品安全管理制度》《放射源管理制度》，对具有危险性质存货的接触以及使用做了详细的规定。

Y 公司内部审计人员在对上述的控制措施进行测试后，认为存货管理相关的制度设计较为完善，制度在实际经营活动中得到一贯的执行，较好地应对了存货管理风险。

2.评估 Y 公司的剩余风险。

Y 公司内部审计人员在对风险的控制措施进行评价后，需根据评价结果重新对风险因素进行评估，进而确定剩余风险水平。剩余风险的评估标准与审计准备阶段基本一致，在剩余风险的评估过程中不再进行重复阐述，Y 公司剩余风险的评估结果如表 2-8 所示。

表 2-8   Y 公司剩余风险评估结果

序号	主要风险因素	发生的可能性	发生的影响程度
1	扩张成本过高风险	1	2
2	探矿效率低下风险	2	1
3	企业管理不到位风险	2	2
4	项目建设周期过长风险	1	1
5	产品价格剧烈波动风险	2	3
6	企业资源整合风险	2	1
7	生产工艺落后风险	1	3
8	重大安全事故风险	2	2
9	重大环境污染风险	3	3
10	存货管理风险	2	2
11	资金供给风险	2	3

根据 Y 公司剩余风险的评估结果，内部审计人员绘制了风险坐标图。剩余风险坐标图的具体情况如图 2-4 所示。

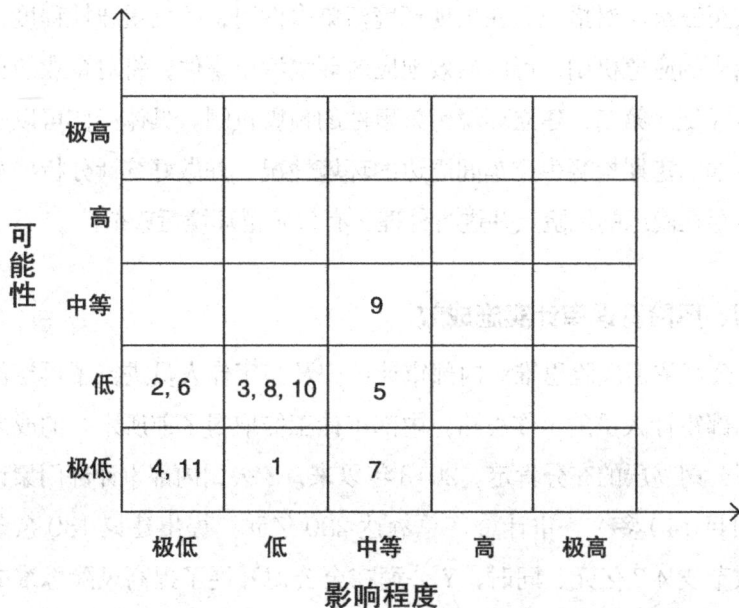

图 2-4   Y 公司剩余风险坐标图

　　根据 Y 公司剩余风险坐标图，风险因素 5 和 9 仍然超出公司的正常风险承受水平，其余风险均已降低至可接受的低水平。风险因素 5 和 9 是 Y 公司内部审计人员重点要应对的风险。

　　3. Y 公司剩余风险的应对。

　　针对产品价格剧烈波动的风险，Y 公司虽然采取了一定具有成效的管理措施，降低了该风险因素对公司的负面影响，但是还存在进一步降低风险的空间。因此，Y 公司内部审计人员提出了一些减少风险的建议。第一，适当提高销售人员招聘标准，严格控制销售人员素质。第二，对销售人员进行定期的专业培训。第三，重点核查违规开设期货账户、不按规章制度进行期货交易的行为，切实保障套期保值业务发挥其缓和价格波动的有效作用。

　　针对重大环境污染的风险，Y 公司同样采取了一定的管理措施，降低了该风险因素对公司的负面影响，但是同样还存在一定改善的空间，Y 公司内部审计人员提出了降低风险的一些建议。第一，建立健全重大环境污染事件的应急机制。具体操作层面可以根据环境污染事件的严重程度，制订一级、二级甚至三级应对措施，在出现环境污染事件时，根据重要性程度，及时启动相应的应急机制，可以高效地应对环境污染事件，将对企业的负面影响降至最低。第二，建立环境污染事件的预警机制。具体操作可以是由环境保护部门定期检测生产车间周边的环境情况，并做好统计分析，及时发现可能存在隐患的风险点并进行处理，有效防范环境污染事件。

四、风险管理审计实施成效

　　Y 公司依据风险思维对内部审计部门及其工作人员进行了再定位，拓宽了内部审计人员的工作思路，内部审计工作取得了前所未有的成果，并获得了公司高层的充分肯定。2013 年以来，Y 公司内部审计部门累计完成审计项目 140 多个，审计资产总额达 230 亿元，提出建议 180 余条，直接增收节支 4.3 亿元。同时，Y 公司在全公司开展了提高风险思维的培训工作，为开展全面风险管理工作打下了坚实的基础。

第 3 章

逻辑思维在内部审计工作中的运用

内部审计要练好本手、争取妙手、少下俗手，做到永不失手。

——王建军

3.1
归纳与演绎

归纳和演绎是两种不同的推理和认识现实的思维方法。

归纳是从多个特殊的或个别的事物或事实出发，概括出一般性的知识。

演绎与归纳相反，是从普遍性的原理或规则出发，推导出特殊性或个别性的知识。

归纳和演绎是相互联系和相互补充的。演绎推理离不开归纳推理，演绎推理的前提必须依靠归纳法从个别事实中概括出来；归纳推理也离不开演绎推理，没有演绎推理，就不可能实现认识的归纳过程。

经常运用归纳和演绎方法的人，我们往往会觉得他是一个聪明的人、会分析问题的人。

归纳法的经典故事：雅各布的卡片

第二次世界大战期间，有个叫雅各布的英国人，对德军的军事秘密了如指掌。他出版了一本小册子，详尽地描述了德国军队的机构编制、100 多名德军指挥官的简历，甚至对德军新成立的装甲师的步兵小分队也做了介绍。这些极其重要的军事机密被泄露，其首领当然勃然大怒，下令严查。后来德国间谍将雅各布绑架到柏林，雅各布的回答使德国人大为震惊："我的全部材料都是从德国报纸上得来的。"原来，雅各布是个有心人，长期搜集、剪贴、摘抄德国报纸上发表的涉及军事情况的报道，做成卡片，仔细分析，就连丧葬讣告或者结婚启事也不放过。如他从一则简短的讣告中得知，德军某师团指挥官是某某将军；在一条结婚新闻里发现，新郎是一个被授予了少校军衔的信号军官，而其岳父则是某地的上校指挥官。经过大量的收集与卡片积累，经过综合研究，雅各布就整理出了大量的军事秘密。雅各布运用的思维方法在逻辑上就叫作归纳思维。

这个故事对审计很有启发。在内部审计工作中，归纳推理可用于审计评价体系的构建。如在行政事业单位的审计中，可从归纳推理中的小前提，推导出一般性大前提；从微观层面的不规范问题反映宏观层面的控制性问题，从资金流向途径判断政策执行情况，从服务对象的满意程度追查政策实施到位程度等。

制订与实施审计方案若能结合演绎推理的应用，更有利于审计策略的执行。首先需要做好完整细致的审前调查。针对特定主体内容项目，审计人员除了关注以往审计中普遍存在的共性问题，还需关注个性问题。比如，在领导干部经济责任审计中，适当关注区域内舆论情况、冲突问题，或是注意职能部门人员谈话时流露的情绪，从长期难以开展的工作入手，分析原因，即梳理定责条目的可行性。其次要重视细节的审计推理，即提升对可能存在问题界定的精确性。审计问题的挖掘常以资金流向为导向，核查末梢环节资金的真实性，是内部审计项目中重要的一环，细分演绎推理中的小前提有利于降低非特定主体审计项目的审计风险。如：将现金、票据不规范问题延伸至明确收款人、结算单位的实际情况；将收入管理不规范问题延伸至核查收入来源单位的合理性，收入的明细使用途径；将支出不规范问题延伸至核查支出内容的数量、支出对象的真实性。

案例：归纳分析，巧识副行长尽职谎言

D 地方商业银行的审计部派出审计组对某支行副行长做任期履职审计。根据商业银行授信工作的规定，银行的授信人员必须到借款企业单位

所在地或者借款个人居住地进行现场走访，核实借款企业或借款人的实际经营情况和实际经营地址或者借款人居住地址，以便降低信贷资产风险，减少不良贷款损失。另外，银行为了鼓励银行授信人员勤勉尽职，认真工作，规定了对于小微企业出现不良贷款，只要是履行了尽职职责，按照贷款授信核实流程实施，就可以免除责任。

审计人员在抽查由支行副行长审批的小微贷款授信时，发现有 3 笔不良贷款，金额 720 万元。支行副行长主动说："这是借款企业今年经营不善造成的，客户经理和我都做了详细调查，也现场走访了企业，还在走访企业时拍了照片。"客户经理也说："对这三家企业我们每季度都会做贷后检查，前几年经营情况良好，就是今年销售上出了一点问题，很快也会解决的。"支行副行长和客户经理把他们上门走访企业的记录交给了审计人员。从提供的资料上看，客户经理和支行副行长确实履行了授信核查和贷后检查的职责，准入环节和审批环节也没有问题。

正当审计人员准备审计其他项目时，看到不同时段的照片上客户经理和支行副行长的衣服、鞋子和发型都没变，况且根据记录，照片拍摄于不同季节。审计人员不动声色，拉着客户经理和副行长一起到三家企业看一下。客户经理开着车说先到贷款金额最大的一家企业，贷款金额 400 万元，是一家销售化肥的公司。客户经理找了很长时间也找不到，说道："明明是在这条路上，现在怎么没有了？"他停下车去问路边的商户。商户说："三年前这里确实有一家化肥销售公司，这家公司已经搬走三年了。"客户经理马上联系化肥销售公司经理，电话无人接听。支行副行长说："可能这家公司外面有欠账，怕催账，所以不接电话。"

审计人员说到下一家去看一看。当客户经理一行到达借款 100 万元的一家五金销售店时，发现店内顾客很多，买卖生意兴隆，不像是还不上贷款本息的样子。客户经理说："这家店贷款应该不会造成损失，看生意现在比以前好多了。"审计人员笑着去问五金店的负责人："老板生意好呀！银行的贷款和利息可以偿还了。"五金店负责人一愣，随口说："我们没有从银行贷过款，我们每天往银行存款。"客户经理着急说："王金良老板在我们银行贷款 100 万元。"五金店负责人说："我姓张，我们店没有叫王金良的，也没有姓王的。"客户经理说："王老板在银行给我说他开的店就是五金店，名字叫大华。"五金店负责人说："大华五金店确实在这儿，我在这儿经商快 10 年，一直没有换地方，从来就没有听说有叫王金良的人。"客户经理一听就傻眼了。

审计人员问："下一家还去不去？"客户经理说："不用去了，这三家我都没有去实地走访过，照片都是我用计算机合成的。"审计人员回头问支行副行长："你是怎么陪着客户经理来进行客户回访和贷后检查的呢？"支行副行长满脸通红说："我工作实在太忙，这几户就让客户经理自己走访了，我没有跟来，照片是客户经理帮忙合成的，就这几笔，其他都是按照流程操作的。"

审计人员不慌不忙地从包里拿出一沓照片和贷款客户清单，问支行副行长："你一年四季都不用换衣服，走访客户都是一样的发型，你是如何做到的？我这里有清单，我随机选 10 户，你能告诉我这些客户的具体经营地址吗？"支行副行长低下了头……

原来是支行副行长为了省事，就让客户经理自己去核实客户经营地址，做贷后检查。客户经理见领导不重视，于是认为只用程序表面合规就行。为了应付检查，就用计算机合成走访照片，编制虚假走访记录。支行副行长自己不作为，对客户经理也是睁一只眼闭一只眼，造成了银行资产损失。

根据审计结果，D 地方商业银行对支行副行长给予撤职处分，对客户经理给予开除处分，二人对造成的损失给予赔偿，对支行行长给予警告处分。

案例思考：审计人员发现需要审计的事项很多，也很琐碎，很可能没有头绪，此时需要审计人员能对被审计事项进行归纳，对某一类问题进行集中分析，从中找到关键性问题。案例中审计人员从实地走访客户的照片中发现客户经理和支行副行长不同季节的穿着、发型都没变，从而产生怀疑；在此基础上，通过实地上门回访，发现客户经理和支行副行长讲话中的漏洞，从而发现问题。这就是通过不同的事物，发现不同的问题，归纳出工作人员不尽职的情况，从而揭示被掩盖的事实真相。

案例：演绎案例警示，挽回千万损失

　　H港口货运财务公司审计部看到某市公安局在侦办一起涉案金额5亿余元的特大金融诈骗案件，这引起审计人员的高度重视。该案件披露发现有关人员在互联网上发布有关业务信息，招揽银行承兑汇票贴现业务并从中谋利，涉嫌从事非法经营业务。违法犯罪分子注册空壳公司套取银行信用，在向银行缴存较少额度的保证金后取得银行承兑汇票，然后通过互联网发布票据贴现信息，招揽中介收取票据，再找具有充足资金的财务公司进行贴现，给予财务公司较为丰厚的利差回报。中介收到财务公司的贴现款后，先留存自己应负担的手续费，再把资金给犯罪分子注册的空壳公司。犯罪分子利用注册的空壳公司，在缴存一定保证金后，又申请开具银行承兑汇票，再按照上述操作进行贴现，这样就会不断增加银行承兑汇票的规模，套取资金。

　　H港口货运财务公司审计部及时发出风险提示，将网上发布的案件情况进行了转发，并且配上分析，强调H港口货运财务公司在办理银行承兑汇票贴现时一定要关注票据贴现的贸易背景，核实关联关系、贸易合同的真实性、开具发票的真实性，避免和资金中介进行合作，杜绝与贸易背景不真实的公司进行业务合作。

　　H港口货运财务公司审计部专门对存量银行承兑汇票的贸易背景进行了专项排查，发现存量银行承兑汇票存在空壳企业利用关联方关系，伪造贸易合同，开具虚假发票，制造虚假贸易背景的情况。其中有5家企业，票据贴现金额目前有1 000万元，授信总金额高达2亿元。审计发现该5家企业成立时间平均不到一年，征信报告与信贷系统中均无企业财务信息，网上无企业经营信息，综合分析认为该5家企业存在利用空壳企业进行非法票据交易的风险。

　　H港口货运财务公司根据审计部的风险提示以及存量银行承兑汇票的

排查结果，终止了 5 家企业的授信，向 1 000 万元贴现的前手进行转贴现，从而规避风险。在一个月时间里，H 港口货运财务公司严格按照风险提示的要求办理业务，拒收无贸易背景票据 8 000 多万元，避免了由于贸易背景不真实，无法享有票据权利的风险。

案例思考：审计人员要有敏锐的职业嗅觉，通过不同渠道获得信息并加以利用，就能取得不错的审计成效。所以，审计人员要做到有心、细心、用心，才能在日常生活中不断关注身边发生的事情，利用演绎思维，联想到本人工作中是否遇到过类似的情况、有无参考的价值。审计人员在审计工作中，将发现的问题及时报告，汇总成审计部门的审计线索，做到有的放矢，工作有目标和方向。案例中利用了解到的案件信息，联想到单位中是否存在类似问题，根据案件要点和风险点，形成自身的审计要点和方法，对审计工作而言，成效显著。

3.2 / 分析与综合

分析是把事物分解为各个部分、侧面、属性，分别加以研究，是认识事物整体的必要阶段。例如，将组织的内部控制分为五个要素，然后对各要素分别加以评价。

综合是把事物各个部分、侧面、属性按内在联系有机地统一为整体，以掌握事物的本质和规律。例如，通过对内部控制各要素的评价，判断内部控制的整体缺陷。

分析与综合是互相渗透和转化的，在分析的基础上综合，在综合的指导下分析。分析与综合，循环往复，推动认识的深化和发展。

案例：分析推理，追寻审计疑点 [①]

2019 年 3 月，审计组在审计某市财政部门时，发现某市财政部门年终追加某市救灾中心救灾棉被制作经费 460 万元。审计人员把这笔资金的使用作为重点进行了延伸审计。

审计人员并没有急于翻看被审计单位（救灾中心）所提供的资料，而是与被审计单位会计朱某进行了口头交流，了解情况。下面是询问过程。

审计人员："该项资金是如何申请，棉被是如何制作和发放的？"

---

① 姜群义 . 运用逻辑思维 追寻审计疑点 [J] . 理财，2015（02）：92.

朱某："2018年10月，进入深秋时节，气候转凉，困难群众缺衣少被问题牵挂着我们的心。报经政府同意，财政部门拨付救灾中心制作救灾棉被经费460万元，用于制作棉被5万条。当年，制作救灾棉被累计支出462.96万元。截至现在，已发放3.86万条，库存1.14万条。"

审计人员："该笔业务是否进行了政府采购？"

朱某："由于时间紧，没有进行政府采购。"

审计人员："救灾棉被是由谁来制作的？"

朱某："委托M棉业公司加工网套4万条、B被服厂加工网套1万条，向个体户刘某购买纯棉白布12.5万米、素花含棉布料10万米，然后由救灾中心委托李某某组织民工缝制成棉被。"

审计人员："制作程序还挺复杂的，那质量有保证吗？"

朱某："程序复杂主要是为了节约成本，再说参与的都是老客户，质量绝对没问题。"

审计人员："货款是如何支付的？"

朱某："M棉业公司的货款，受该公司的委托转到了Z造纸厂替他们公司还款了；B被服厂的货款也是受该厂的委托转到了F服装厂替他们厂还款了。"

审计人员："为何这么巧，两家参与单位都把货款转到第三方？"

朱某：他们都写有委托书，这笔账的处理是符合会计核算要求的，绝对没问题。

送走朱某后，审计组对与朱某的谈话进行了讨论，朱某的回答看似很流畅，仔细分析却发现有很多不符合逻辑的地方。

（1）因为时间紧就可不按政府采购法的规定进行政府采购吗？

（2）制作棉被的时间紧张，却又采取多重环节进行加工，岂不浪费了时间？

（3）因是老客户，质量就有保证吗？

（4）货款的支付也令人生疑。这是否是为老客户拉生意故意不进行政府采购呢？

于是，审计组决定从上述谈话中理出的这些疑点开始，抽丝剥茧，查深查透。

最终查明，2018 年，救灾中心负责加工制作的救灾棉被存在严重质量问题，直接经济损失达 86.4 万元；在制作救灾棉被和维修救灾帐篷过程中，采用欺骗的手段套取国家救灾专项资金 494.18 万元设立"小金库"，用于给单位职工发福利、吃喝招待、解决不合理开支等问题。

通过案件的查处，收缴、责令退赔违纪款物，一定程度上减少了损失。将救灾中心主任涉嫌贪污、私分国有资产犯罪的问题移交司法机关处理，3 名副主任也分别受到了党纪政纪处理。审计人员在核实有关问题时，先从与相关人员的谈话进行分析，再依据相关理论进行分析推理，从中发现矛盾和破绽，找出疑点和问题。

案例：分析综合财务数据，破解企业应收账款"死亡密码"

2020 年受全球新冠肺炎疫情的影响，国内纺织业出口受到影响，因此，国内纺织企业都在大力扩展国内市场，带动增加纺织销售。但是在增加销售的同时，国内纺织业也面临着市场竞争的压力，面临着销售商由于资金链断掉，应收账款不能收回的信用风险。N 市纺织集团有限公司审计部本着审计为业务服务的宗旨，组织开展 N 市纺织集团有限公司新增销售客户信用风险评估和应收账款风险情况专项审计调查。

审计调查围绕 N 市纺织集团有限公司新增销售客户的信用风险评估展开，审计人员通过财务指标分析、行业水平比较、财务数据异常情况分析等审计方法，利用分析综合财务数据，寻找新增销售商的资金问题，判断新增销售商的信用风险。

在审计中 N 市纺织集团有限公司审计人员发现新增销售商中有一个 G 服装贸易进出口公司，存在以下经营异常的情况。

其一是财务指标显示 G 服装贸易进出口公司经营不佳。在初步了解 G 服装贸易进出口公司的主营业务、资本构成等基本信息后，审计人员了解到这是一家典型的服装贸易进出口公司，以销售代工和贴牌的纺织品为主要业务。G 服装贸易进出口公司自身没有品牌价值，销售渠道是普通的纺织品市场和中低端的零售市场，但是负债特别多，大部分是银行贷款。审计人员查阅 G 服装贸易进出口公司财务资料，并重新计算编制 G 服装贸易进出口公司集团合并财务报表，在 2020 年 6 月成为 N 市纺织集团有限公司销售商前，G 服装贸易进出口公司集团合并财务报表总资产为 12 500 万元，总负债为 11 980 万元，计算得资产负债率为 95.84%，资产负债率远高于服装销售企业平均资产负债率 75%，超过 20.84 个百分点，负债明显高于行业平均水平。同时审计人员通过查看征信情况，了解到 G 服装贸易进出口公司在外有大量的对外担保及内部互保，对外担保总额高达 7 500 万元，加上或有负债后的负债总额远超过了其资产总额，此时的资产负债率达到了 155.84%，偿债能力显然不足以覆盖该公司的所有债务。

分析其近三年销售利润率与资产回报率的变化趋势，发现该公司的盈利能力连年下降，销售利润率与资产回报率的降幅为年平均下降 40% 与 65%，且三年平均成本率在 99% 以上。审计分析认为，作为传统的服装销售企业，G 服装贸易进出口公司的高销量、低利润符合典型的薄利多销的销售企业的特征，但是以近乎成本价销售，属于反常行为，引起审计人员的高度关注。

其二是财务异常变化反映现金流量趋紧。审计人员对 G 服装贸易进出口公司近年来的现金流量进行分析，发现近三年的经营性现金流量每年都为负数，平均每年 2 500 万元左右，负债连年增加，每年平均增幅超过 30%；同时企业的货币资金、应收账款、存货等流动资产的增幅却远未达到相应水平。负债未投入日常经营，那么信贷资金的去向究竟是哪里？此时资产负债表中的一组数字引起了审计人员的注意：长期股权投资项下的余额从三年前的 1 000 万元一下子增长到了 8 500 万元，增长幅度达到 750%。另外还发现企业的所有者权益在下降，投入的实收资本在减少。审计人员认为是企业在对外投资，经营离开了主业，并有抽逃资本的嫌疑。

其三是关联交易显示销售收入大部分是虚假的。审计人员发现该企业的销售收入主要来源于其关联企业，关联企业之间的销售收入占比达到80%以上。审计人员审查该企业的销售合同发现关联企业之间相互交易，形成一个资金交易链，主要资金流是 G 服装贸易进出口公司向 A 贸易公司销售货物，A 贸易公司向 D 贸易公司销售货物，D 贸易公司再向 A 贸易公司销售货物，货物的价格基本相同，以此来规避增值税，从而增加销售额。

审计人员通过上述财务数据的分析和归纳得出结论：G 服装贸易进出口公司资金紧张，销售收入虚假，销售能力欠缺，将大量负债用于投资，服装销售主业业绩下滑，现金流短缺，投资资金回报不足，盈利能力差，抽逃资本，对企业经营丧失信心。把该企业作为新增销售商有很大的风险，产生的应收账款极有可能造成损失。

由此，审计人员对 N 市纺织集团有限公司销售部门提出风险控制建议，即取消 G 服装贸易进出口公司销售商资格，如果有销售业务，销售货款以现款结算，取消信用政策，对已经产生的应收账款进行快速清收，避免出现坏账损失。

案例思考：审计思维中的分析和综合非常重要，是审计人员应具备的基本思维，需要在审计工作中利用分析和综合思维对被审计事项进行思考，从中发现数字背后隐含的逻辑关系，发现问题，并且能够解释问题。审计人员要能够灵活运用分析与综合思维：通过谈话，分析被审计事项中不符合常识和逻辑的问题，找到问题的关键；通过综合，从不同的角度审视同一个问题，发现矛盾的焦点，深入了解被审计事项的真实情况。

3.3 / 抽象与概括

抽象是从众多的事物中抽取共同的、本质的特征，而舍弃非本质的特征。

具体地说，科学抽象就是人们在实践的基础上，对丰富的感性材料通过"去粗取精、去伪存真、由此及彼、由表及里"的加工制作，形成概念、判断、推理等思维形式，以反映事物的本质和规律。

概括是形成概念的一种思维过程和方法，即将从思想中具有相同属性的事物中抽取出来的本质属性，推广到具有这些属性的一切事物，从而形成关于这类事物的普遍概念。

概括是科学发现的重要方法。概括是由较小范围的认识上升到较大范围的认识，由对某一领域的认识推广到对另一领域的认识。

案例：运用风险热力图，直观展现机构保函业务风险

2020 年 8 月，某市审计组在对常新贸易集团公司保函业务开展专项审计时引入风险热力图技术，利用计算机辅助技术对疑点数据进行深入分析，发现并查实保函业务少计收入 2 340 余万元；同时，审计组发现该公司保函业务管理及会计核算等方面存在重大缺陷，并据此为业务管理及风险防范提供审计监督服务，真正实现了内部审计为企业增加价值的最终目标。具体做法如下。

一、构建保函业务风险热力图

1. 抽取常新贸易集团公司保函业务前期业务数据，同时，利用非现场审计平台信息库中已建立的审计模型（如保函手续费收取正确性核验、不良客户或其关联客户是否办理保函业务检验，保函保证金比例是否低于制度最低比例检验等 15 个分析数据模型）抽取数据，对保函业务风险进行量化评估，形成保函业务风险事件库（见表 3-1）。

表 3-1　保函业务风险事件库

序号	主要风险点	以往风险发生频率	可能性分值	以往风险影响程度	影响力分值
1	保函制度建设	少见	4	中等	4
2	保函法律文书不合规	少见	5	重要	6
3	保函业务背景不真实	偶然	2	小	2
4	保函的反担保形式、比率	偶然	3	小	2
5	手续费未按保函协议约定费率或制度规定收取	一般	9	重要	7
6	保函垫款	一般	8	重大	9
7	违规办理保函解付	少见	5	小	2
8	保函入账依据不足	偶然	2	重要	6
9	保函会计核算不合规	偶然	1	重要	6
10	保函客户信用风险	偶然	3	重大	9
11	保函业务审批流程不合规	少见	5	重大	8.4
12	保函保证金收取比例不达标	少见	6	重要	7

2. 运用保函业务风险事件库数据，构建风险热力图。

3. 科学确定重要风险及抽样。

保函业务审计重点：保函法律文书不合规、保函垫款、保函会计核算不合规、保函业务审批流程不合规等。

基于主要风险点确定审计抽样标准，利用计算机数据分析对可疑数据

进行全部核查抽样，对于流程类事件，抽查笔数按照每月发生笔数的 10%
抽样，每月最少抽样 5 笔。

二、以风险为导向查找审计突破口

审计人员提取保函业务的全部数据，按照数据模型，生成可疑数据，
结合每月抽样，进行系统分析查证。审计人员发现有问题保函业务 31 笔，
金额为 15 260 万元，占抽样量的 15%，共计发现主要风险 8 个，占所有
查证风险点的 67%，业务风险集中在下属两个分公司。

三、由表及里，纵向深入分析业务操作风险

通过数据分析，审计人员进一步对集团公司保函业务的流程及管理情
况进行了深入调查了解，认为管理方面存在一定漏洞：保函业务的审批环
节流于形式，相关人员未认真审核保函申请人的资信情况，相应证明资信
资料缺失；保函手续费以及保证金的执行随意性强。

四、拓展审计领域，横向分析财务及法律风险

审计组对保函业务的制度和会计核算、保函业务垫款情况等进行了检
查，发现保函业务没有专项制度，会计核算参照其他保证类业务核算手
续，导致保函业务核算不准确，垫款处理不当等问题；另外，合同没有统
一版本，容易造成法律风险。

五、风险热力图展现保函业务整体风险

风险热力图是以视图化的方式简洁明了地呈现风险评估过程及其结
果。风险热力图有助于发现实际风险管理和标准管控流程之间的差距，可
使风险评估结果更加精确。风险热力图也可助力企业进行更大、更紧密的
风险管理整合，将风险管理深深嵌入企业日常的运营当中。

审计人员结合保函业务风险事件库、主要风险点的可能性分值与影响
力分值进行综合计算，绘制保函业务风险热力图，如图 3-1 所示。从图

3-1 中可以看出保函业务呈现高风险态势，风险主要集中在风险承受线上方，圆圈越大说明风险越高。主要风险有保函垫款、保函客户信用风险、手续费未按保函协议约定费率或制度规定收取、保函业务审批流程不合规等。这些风险需要被审计单位高度重视，认真从制度流程入手，进行系统性整改，提高保函业务合规性，消除风险。

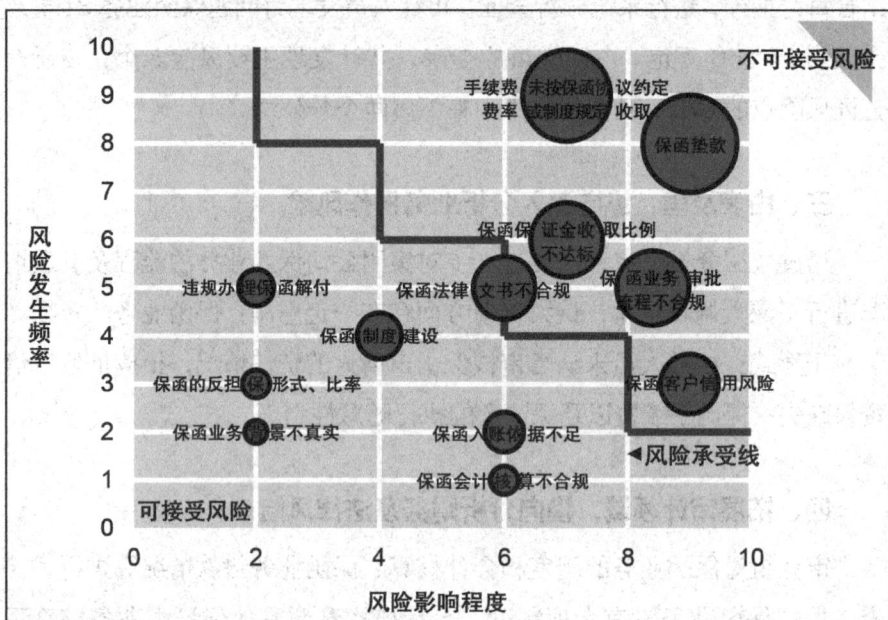

图 3-1 保函业务风险热力图

案例：风险管理流程审计，提高审计工作质量

由于审计质量管理现状与管理层的期望存在较大差距，因此为满足管理层对风险管理的需要，实现内部审计部门审计质量的有效提升，A 集团内部审计部门引入风险管理流程审计，重点分析被审计单位的经营风险和控制风险，对被审计单位的重大风险管理情况进行评估。

第一，审计部门建立风险管理流程审计模式，提高审计质量管理有效性。审计部门根据企业全面风险管理的目标和政策，采用系统化、规范化的方法，评价企业全面风险管理的运行状况，测试企业风险管理系统、各业务循环及相关部门在风险识别、风险分析、风险评价、风险治理等方面的活动，以识别、预警和纠正企业在实施风险管理过程中可能存在的缺陷，进而提高企业风险管理的效率和效果，保障企业战略目标的实现。风险管理流程审计重心在于识别目前风险管理有效性水平与期望水平之间的差距，发现遗漏的重大风险并在审计报告中提出审计建议，发挥内部审计部门的咨询服务功能，为企业排忧解难，从而获得被审计单位及管理层的认同，真正提高审计质量管理实效。

第二，审计部门制订持续风险管理流程审计的计划，审计重点包括：风险较大的单位或风险项目；领导关注、员工关心、资金投入大的项目；与当前中心工作相关而且容易成为热点话题的项目；选择内部审计机构力所能及且被审计单位能接受与支持配合的项目；选择工作改进空间较大、在增值性等方面有潜力的项目。

第三，审计部门在制订风险流程审计方案时，要充分了解被审计单位的经营管理及内控风险，进行充分的审前调查。在摸清被审计对象总体情况的前提下，审计部门要科学、合理地确定审计范围、审计内容、审计重点、审计目标、人员分工安排和审计时间等，并明确各级负责人对下级内部审计人员的监督和指导责任。

第四，审计部门紧跟内部审计质量管理步伐，建立内部审计业务标准。随着企业规模的不断发展，经营领域在多方面、多渠道得到拓展，业务流程再造、管理体制重塑，形成了新的风险点。同时，数据集中程度的提高和管理信息系统的运用，也使审计线索发生了明显变化。审计部门应根据各自风险管理的实际，制订符合自身风险管理和内控水平现状的内部审计业务标准，包括审计计划标准、审计工作底稿标准、审计报告标准等，以防范审计风险，促进审计质量提升。

第五，开展内部评估，建立内部审计责任制。建立审计部门负责人、审计组长或审计项目经理与审计人员分工责任制，明确不同岗位的职责，建立与之相对应、相匹配的责任约束机制，建立责任追究和奖惩制度。建立和完善内部审计质量责任追究制度是提高内部审计质量控制的重要环节，其目的在于促使各级内部审计人员明确各自承担的责任，强化质量控制的责任意识，有效地降低审计风险。

有人说领导是一门艺术，其实，要做好一项工作也是一门艺术。内部审计质量管理工作作为内部审计当前乃至今后的工作重心，运用先进的审计理念及工作方法，加强与被审计单位的工作交流和沟通，通过查证缺陷、评价风险、完善管理、提高经济效益，帮助企业实现整体目标。

3.4 正向与逆向

正向思维又称因果思维。简单地说，因果关系的逻辑就是：因为 A，所以 B；或者说如果出现现象 A，必然会出现现象 B（充分关系）。这是一种引起和被引起的关系，原因 A 在前，结果 B 在后。

（1）先后关系不一定就是因果关系，例如，早上起床后先穿衣服，然后刷牙洗脸，但穿衣服和刷牙洗脸不是因果关系。

（2）并不是一切必然联系都是引起和被引起的关系，只有有了引起和被引起关系的必然联系，才会产生因果关系。

因果关系可能是一因一果，可能是多因一果，也可能是一因多果，还可能是多因多果。

擅长正向思维的人，都是"因果逻辑收集者"，平常在大脑中收集、整理、存放了大量的因果逻辑，以备随时调用。

逆向思维是一种比较特殊的思维方式，它的思维取向与一般的思维取向相反，比如人弃我取、人进我退、人动我静、人刚我柔等。

逆向思维的类型有三种。

（1）反转型逆向思维。即从已知事物的相反方向进行思考，找到解决问题的途径。

（2）转换型逆向思维。即在解决问题的某一手段受阻时，及时转换另一种手段，或转换思考角度，从而有效解决问题，如司马光砸缸。

（3）缺点型逆向思维。即利用事物的缺点，将缺点变为优点，将坏事变为好事，化不利为有利的逆向思维方式。

当然，这个世界上不存在绝对的逆向思维模式，当一种公认的逆向思维模式被大多数人掌握并应用时，它也就变成了正向思维模式。

逆向思维的经典故事：沃德的弹痕分析

在第二次世界大战期间，为了能够在战机防护方面有所加强，英、美军方调查了作战后幸存飞机上的弹痕的分布，决定哪里弹痕多就加强哪里。但统计学家沃德力排众议，指出更应该注意弹痕少的部位，因为这些部位一旦受到重创，战机很难有机会返航，而这部分数据被忽略了。沃德非常清楚，自己分析的样本中，只包含顺利返航的战机，而被俘或坠毁的战机却被忽略在外。

事实证明，沃德是正确的。英、美军方在接受沃德的建议后，立刻加强驾驶舱与机尾的防护，战机被击落的概率果然显著降低。试想，如果沃德忽视了被忽略的关键信息，而是按照弹痕的分布加强机翼的防护，无疑是本末倒置，当今世界的格局恐怕将要重写了。

沃德摒弃了一系列的表面现象，一下子抓住了问题的本质，这就是典型的逆向思维。

逆向思维并不是主张人们在思考时违逆常规，不受限制地胡思乱想，而是训练小概率思维，即关注小概率事件的思维。

逆向思维通常被人们运用在人际交往当中。人与人之间本身就存在着不同的思维方式，所以要想打破隔阂就需要建立逆向思维模式，这样更加有助于人与人之间的沟通和理解。

逆向思维也是发现问题、分析问题和解决问题的重要手段，有助于克服思维定式的局限性，是审计思维的重要方式。

审计通常与会计信息系统有关。事实上，审计的大多数证据来源于会计信息系统，因而审计与会计的关系十分密切。但是从本质上看，会计是一个产生有用的、可计量的经济信息的过程；而审计通常不产生任何新的经济信息，它只是一个收集有利于做出判断的信息的鉴定过程。通过鉴定信息，判断真实的经济状况，进而评价受托责任的履行情况。因此，审计是对包括企业财务信息在内的全面信息的解构过程，审计过程需要运用逆向思维，即从结论进行反方向思考。

案例：核实干部重要事项申报有妙方

　　审计组对某市城建局 2020 年领导干部重要事项申报情况进行核实。审计组投入了大量的人力，和领导干部本人进行谈话，了解本人申报情况是否真实、本人的家庭财产情况、是否存在经商办企业的情况，另外也对城建局的员工进行访谈，了解领导干部工作情况和申报事项是否有遗漏。审计人员感到这样工作做起来非常困难，特别是领导干部经商办企业和个人财产申报情况的核实，难以发现问题。但是审计组也听到员工反映部分领导干部重要申报事项申报不实的情况，审计人员一筹莫展。

　　审计组新来的大学生小李，是金融专业高才生，建议道："我们这样审核没有效果，不如换一种方法，利用银行审核信贷客户的办法，查一查领导干部的负债情况，让每一个领导干部从银行打印一份个人的征信记录交给我们。"城建局的领导说："我们的个人负债都申报了，我们都如实申报，让我们提供我们就提供。"

　　小李拿到领导干部提供的征信报告，在个人负债栏中发现个人负债与领导干部个人申报事项确实一致；小李没有放弃继续核实，突然她发现有五个领导干部有经营性贷款，其中一个有大额的信用卡透支记录。小李想：作为国家公务人员，怎么会有经营性贷款？

　　小李去问这五个领导干部："你们名下为什么会有经营性贷款，是有经商办企业吗？"五位领导干部说："我们没有经商办企业，虽然有经营性贷款，但这是为了享受利息优惠，经营性贷款利率可以为 3.85%，而其他贷款不低于 5%。"小李又问："那贷来的款项用途是什么？"五位领导干部说："我们的贷款用于房屋装修。"小李说："装修需要提供装修合同、付款证明、材料清单。"五位领导干部脸色一变，赶忙说："我们是买房了，目前房价一直涨"，随后提供了买房的证明。小李又问："您信用卡透支也是买房了？利息还蛮多，为什么不用贷款？"一位领导看实在拖不过去，只得说："我透支银行卡是图方便，随时可以用，有好的股票我就投一下，赚了就卖掉，偿还信用卡，手机就可以操作，不用贷款是不想频繁到银行办手续。"

审计人员利用逆向思维，从领导干部银行征信入手，发现五位领导干部利用经营性贷款买房，没有及时申报个人购买房屋的事实，发现一名领导干部炒股，没有申报炒股的情况。审计人员发现领导干部有经营性贷款，可能存在经商办企业的情况，也可能利用贷款投资，这两项都会导致个人申报情况不实。从这方面入手，可以取得较好的审计成效。

案例思考：运用逆向思维可以开拓新的视野。为审计工作陷入困境时，审计人员可以放下眼前的线索，进行重新梳理。审计人员可以从审计要点到审计疑点再到审计证据，通过分析查证取得审计证据，发现审计问题。另外，也可以从疑点入手，逆向查找可能存在的问题。我们常说，不寻常处必有惊喜，利用好奇心，层层分析，可以还原本质，找到真相。

案例：通过小小的细节，发现员工管理中存在的大问题

D 地方商业银行审计部对员工行为进行审计，在对全行员工的账户交易流水进行分析时，一支行信贷客户经理 B 的账户流水引起审计人员的注意。这名客户经理账户上几乎每天晚上都有小金额的转账收支记录，每笔 100 元、200 元不等，有的时候一天多达二三十笔，有的甚至在凌晨 2 点，而且是在工作日。审计人员心想：难道这名客户经理不用上班吗？

带着疑问，审计人员首先去问支行的领导，询问这名客户经理的工作情况，支行领导说："这名客户经理工作蛮认真的，工作很辛苦，下班很晚，第二天工作很累的样子，业绩也蛮好的。"审计人员拿出审计发现的

客户经理 B 的转账收支记录，支行领导也很惊讶！

当审计人员问客户经理转账记录的事时，客户经理 B 说："就和几个朋友晚上聚一聚，吃吃烧烤，转账是吃烧烤的钱。"审计人员说："什么样的朋友几乎每天都聚？吃烧烤转一次账就可以了，为什么一晚上会出现 20多次转账？另外，周末聚一聚还能理解，可是你工作日还要聚，不用上班吗？"

客户经理 B 说："八小时之内上班，我按时来，八小时之外我有自己的时间，我做事不违法就行。"审计人员说："和你转账的是你的信贷客户，你说银行该不该管？监管部门再三强调不能和客户有不正常资金往来，你说一说你的小额转账是干什么用的？"客户经理 B 一口咬定："朋友之间的吃饭钱和小额的相互借用。"

审计人员和支行领导一起对客户经理 B 进行了家访，从客户经理妻子处了解到客户经理给家里的解释是银行要加班，很晚才能回家。支行领导对客户经理 B 说："支行什么时候要求你每天加班，你当着你妻子的面说清楚。"客户经理 B 最后承认，他每天晚上是和他的信贷客户一起打牌，零星转账是每一次打牌的结算，组织牌局的是一个资金中介，他负责给客户经理 B 介绍客户，由于是牌友，客户经理 B 对其也不进行贷前调查。

审计人员通过一个小小的细节，发现了客户经理与客户异常的资金往来，发现客户经理参与赌博，利用中介开展信贷业务，没有按照流程对信贷客户进行贷前调查，突破了银行的底线和监管红线，存在资金安全隐患和员工道德风险。

案例思考：审计人员可以通过细节发现不寻常的交易，利用逆向思维多问问题：为什么会有频繁的小额交易；交易的对象是谁，是否是自己的客户；什么样的关系能够几乎每天都在一起……问得多了，审计的线索就有了。有时候逆向思维比正向思维更有用，更有利于发现问题，还原事情的本质，节约审计时间和资源。所以，在审计工作实践中，要善于利用数据分析来发现疑点，向前追溯发现被审计单位的缺陷和不足。

审计人员要巧妙利用逆向思维，逆向思维不仅可以用于分析问题，还可以用于安排审计项目和计划，如对于每年必查的项目可以减少审计资源，对于每年都不查的项目加大审计力度，没准就有一些惊喜等着你。审计强调全覆盖和没有空白点，所以利用逆向思维查找审计未覆盖的领域，有助于提高审计的效率和成效。

第 4 章

博弈思维与批判性思维
在内部审计工作中的运用

内部审计工作越有效，国家审计监督的综合效能也就越高。

——陈春清

4.1

博弈思维的运用

审计博弈主要包括审计博弈对象、审计博弈信息、审计博弈策略和审计博弈结果等四个方面[①]。

审计博弈对象包括他人与自己。他人是指被审计对象与相关人员；自己就是指审计人员。自己包括"本我""自我""超我"。审计人员不仅与被审计对象进行博弈活动，同时审计人员自己也会出现"超我"与"自我"博弈、"自我"与"本我"博弈的现象。

审计博弈信息是博弈者所掌握的对选择策略有帮助的情报资料，在审计活动中，审计人员与被审计对象的信息不对称，审计人员应该通过各种途径努力掌握被审计对象广泛充分的信息资料，尽量消除信息的不对称状态，避免被审计对象的"逆向选择"。

审计博弈策略是指审计的谋略和计策。

审计博弈结果包括正和博弈（双赢）、负和博弈（两败俱伤）和零和博弈（你死我活）三种结果。

博弈思维的经典故事：枪手博弈

有三个快枪手，他们之间是仇恨见面，分外眼红。一天，他们三人在大街上不期而遇，每个人的手中都拿着一把枪，气氛紧张到了极点。每个人都

---

① 王宝庆. 审计情商与心理博弈 [J]. 中国审计，2011（07）：3.

知道，一场生死决斗即将展开，三个枪手对彼此间的实力都了如指掌，甲枪手枪法精准，十发八中；乙枪手枪法平平，十发六中；丙枪手枪法拙劣，十发四中。

现在我们来假设一下，如果三人同时开枪，并且每人只发一枪；第一轮枪战后，谁活下来的机会大一些？

如果你认为是甲枪手，实际结果可能会让你大吃一惊：最可能活下来的是丙——那个枪法差劲的家伙。

为什么呢？这取决于各方博弈策略。就让我们来分析一下各枪手的策略吧。

因为这三个人彼此痛恨，都不可能达成协议，那么作为甲枪手，他一定要对乙枪手拔枪。这是他的最佳策略，因为此人威胁最大。同样，乙枪手也会把甲作为第一目标，很明显，一旦把甲干掉，下一轮（如果还有下一轮的话）和丙对决，他的胜算较大。反之，如果乙先射击丙，即使活到了下一轮，与甲对决也是凶多吉少。丙枪手的最佳策略也是先对甲开枪。乙的枪法毕竟比甲差一些，丙先把甲干掉再与乙进行对决，丙的存活概率总是要比甲对决高一些。

由于无人射丙，丙的存活概率是 100%，而甲能活下来的机会少得可怜（不到 10%），乙的存活概率是 20%。这就是著名的枪手博弈。

在现实的多人博弈中，常常由于复杂关系的存在，而导致出人意料的结局。赛跑时不一定快的赢（龟兔赛跑），打架也不一定弱的输（如抗美援朝中的中朝）。前门进狼后门进虎的危险性看起来很大，但其实际的危险性比只有一只狼或一只虎情况下更小，因为狼和虎可能会先打起来。

当然，上面的故事隐含一个假定，那就是甲、乙、丙三人都清楚地了解对手打枪的命中率。但现实生活中，因为信息不对称，比如枪手甲伪装自己，让枪手乙和丙认为甲的枪法最差，在这种情况下，最终的幸存者可能是甲。

在审计过程中，内部审计博弈存在于三个阶段之中。

一是审前计划阶段的博弈。在审前计划阶段，采取什么样的方法和手段是审计人员的博弈策略，被审计对象可能会采取软对抗、不服从、配合等策略，两者之间的博弈结果是对抗或者合作。在此阶段，审计人员应该以自身为主，尽量设计表格或采取选择题的形式来让被审计对象作答，化被动为主动。

二是审中调查阶段的博弈。就审计调查与反调查而言，是审计人员与被审计对象之间智慧的较量，博弈思维体现在各种审计方法与手段中。如利用分析程序将对手杂乱无章的数据通过某种逻辑联系起来，利用重新计算复核数据结果的一致性，利用函证通过第三方来与对方进行博弈等。在审计实务中，一般被审计对象即使知道审计人员的审计计划，也苦于没有相应的应对策略，只能服从相关法律法规，被动应付或主动配合；若被审计对象获知审计人员的具体审计程序，且有高明的应付手段，则审计人员需要将多种审计手段混合使用。

三是审后整改阶段的博弈。对于被审计对象来说，应付整改的策略有三种，一是不整改，二是应付性整改，三是完全整改。审计人员对于被审计对象的策略一，可以直接上报，进入责任追究程序；对于策略二和三，审计人员需根据实际情况，通过实地后续跟踪审计，以确认被审计对象整改结果是否达到要求。

案例：怎样才能拿到礼品发放台账

在一次审计项目中，内部审计人员发现被审计公司有违规发放实物礼品的情况。在现场取证时，对方极不配合，总是百般阻挠说不存在礼品发放台账，所以不能提供礼品的去向。

为了取得审计证据，审计人员运用博弈思维，通过突击盘点实物礼品，盘点到了剩余的礼品实物。盘点后，审计人员与被审计公司代表当面对质："没有实物礼品台账，如何确保盘点到的礼品结余数是正确的？如何保证公司资产不被私自拿走？"在其他证据的支持下，审计人员最终迫使被审计公司交出了礼品发放台账，获得了宝贵的审计证据。

内部审计人员常常碰到被审计单位不配合的情况，也经常碰到拿不到审计证据的事情，甚至相关人员满嘴跑火车忽悠审计人员，用伪造和销毁证据的手段来拖延审计时间，等等。被审计单位越是不愿意给的资料越是具有重要经济价值。所以内部审计人员一定要保持专业自信。在公司内部，内部审计人员是专业的取证人员，比其他人员更有办法获得审计证据，比其他人员更能够让被审计部门配合调查工作，这也是内部审计部门存在的价值。

案例：博弈思维在违规决策与实施审计决策中的运用

假设博弈双方为审计机构和被审计单位，审计机构有两种策略，即不实施审计和实施审计，被审计单位也有两种策略，即违规和不违规。博弈双方均以自身利益最大化为决策前提。在表 4-1 中，E 表示被审计单位违规获取的收益，L 表示被审计单位违规产生的损失，V 表示被审计单位违规被审计后违规者产生的损失，C 表示被审计单位违规发生的审计成本，v 表示被审计单位不违规产生的效用，c 表示被审计单位不违规发生的审计成本。

表 4-1　审计机构与被审计单位博弈分析

		审计机构	
		不实施审计	实施审计
被审计单位	违规	E, L	V, C
	不违规	$0, v$	$0, c$

审计机构和被审计单位的决策结果有下列四种情形。

（1）被审计单位违规，审计机构不实施审计。则被审计单位违规收益为 E，产生损失 L；

（2）被审计单位违规，审计机构实施审计。则被审计单位违规损失

为 V, 产生审计成本 C;

（3）被审计单位不违规, 审计机构不实施审计。则被审计单位违规者效用为 0, 产生效用 v;

（4）被审计单位不违规, 审计机构实施审计。则被审计单位违规者效用为 0, 产生审计成本 c。

显然, 在被审计单位不违规的情况下, 审计机构最优选择是不实施审计。这样, 审计单位违规者效用为 0, 产生效用 v。

然而, 在被审计单位违规的情况下, 审计机构最优选择要取决于 C 与 L 的大小比较: 如果 $C < L$, 选择实施审计; 如果 $C > L$, 则选择不实施审计。审计机构和被审计单位的博弈决策焦点集中在违规产生损失的大小以及违规的审计成本的高低。违规者一方面会尽可能将违规产生的损失降到一定程度, 同时会采取各种技术手段, 增加违规的复杂性和隐蔽性, 从而增加违规的审计成本, 阻止审计机构实施审计。

4.2　批判性思维的运用

独立思考能力来自知识。知识由两个层面组成，"知"和"识"。"知"是指学习到的理论、信息和资料等；"识"是指对所知的东西进行分析、研究、批判、再创造，即理性思维产生思想的过程。有"知"无"识"的人，被人一质疑就换主意，其做人和做事都不可能成功。所以我们历来崇尚"有识之士"，而不是"有知之士"。成功者不一定是"有知之士"，但一定是"有识之士"。由此可见，质疑确实是万分可贵的。质疑不光是质疑别人，也包括质疑自己。

批判性思维是一切创造活动的前提条件，是衡量一个人思想认识成熟与否的重要标志。批判性思维有以下基本特征：第一，批判性思维是一种基于客观事实的理性反思，以审慎的态度和质疑的思维方式重新审视一切；第二，批判性思维不是仅对别人的否定，更重要的是自我校准；第三，批判性思维的目的不是否定和推翻一切，而是在否定和质疑的基础上做出理性的判断。

内部审计人员所有具备的批判性思维是要用更加客观、全面的评价标准来评价组织里发生的经济事项和现象，得出不同于他人的看法，或发现别人没有看到或忽视的特点、规律、弊端等。比如内部审计人员去审计某一经营业绩好、得到上级领导肯定的单位时，就要客观、真实地去评价该单位的经营业绩，去了解、调查该单位的业绩来源、经营模式、内控状况等，去评价该单位的经营模式是否存在潜在、不可控的风险。

审计的特点就是需要适度怀疑。内部审计人员要有敢于怀疑的精神，打破习惯，反向思考，这种精神越强烈越好。习惯性做法并不总是对的，批判性思维要求内部审计人员应具有审慎的态度和质疑的思维方式。有了批判性思维，内部审计人员才能看到事物的不同方面，才能提出不同的见解，才能为董事会、管理层提出值得关注的建议，才能在组织内有人"歌功颂德"的时候，发出"另一种声音"，让管理者保持冷静。有了批评性思维，内部审计人员在对信息进行搜集、筛选或决策时，就不会盲从权威、断章取义、被情感影响，只会认真分析信息之间的因果关系，思考信息背后的逻辑是否成立，去伪存真，透过现象揭示经济活动的本质，最终做出合理的判断，提出恰当的审计意见，对被审计单位是否有效地履行受托经济责任提供合理的保证。总之，批判性思维的运用有助于促进内部审计使命的有效实现。

内部审计人员在运用批判性思维时，需要注意以下事项。

1. 批判性思维不是为了否定，而是为了更有建设性地提醒、提示和揭示事物的本质。

2. 批判性思维不能影响内部审计人员最后的权衡。批判性思维会影响内部审计人员的判断，但不一定起决定作用。内部审计人员还应根据权衡的结果来进行最后的评价。

3. 内部审计人员运用批判性思维一定要结合量化的分析，通过数字说话。

批判性思维在内部审计中运用的基本流程如图 4-1 所示。

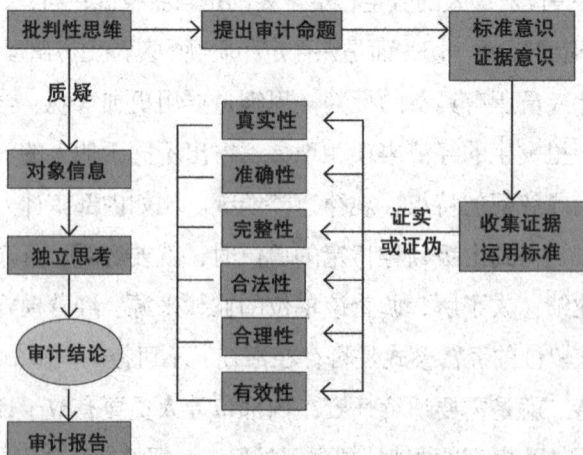

图 4-1　批判性思维在内部审计中运用的基本流程

案例：分析程序与批判性思维

A 企业的财务信息显示，本年度购入的原材料明显比上一年度多，审计人员运用批判性思维进行分析来获得本年度多购入原材料的合理解释。在了解到本年度的生产规模和上年相仿以及生产工艺没有发生变化后，审计人员来到仓库，盘点原材料，发现账实不符，账存数大于实存数，那么账面比实际多出的那部分原材料去哪儿了呢？审计人员通过查阅原材料明细账和核对原始凭证发现，企业有一笔退货没有入账，隐藏了销货方开来的用于冲销的红字增值税发票，制造了购进原材料的假象。当然企业这么做的真实目的是逃税。

本例中所运用的程序，在审计上通常被称为分析程序。分析程序是指审计人员通过分析不同财务数据之间及财务数据与非财务数据之间的内在关系，对财务信息做出评价。事实上，分析程序就是批判性思维在审计中的一种直接运用。当分析程序的结果显示的比率等与对被审计单位的了解不一致时，批判性思维要求审计人员必须获取适当的证据以证实或排除疑虑，并考虑其对重大错报风险评估水平的影响。审计人员只有始终保持职业怀疑，才能发现财务报表中的异常变化或预期发生而未发生的变化，并实施相应的审计程序以降低审计风险；审计人员只有始终保持职业谨慎，才能发现被审计单位财务状况或盈利能力变化的信息和征兆，并在此基础上进行反思，对被审计单位的持续经营能力等做出恰当的专业判断。当然，分析程序获取的是证明力较弱的间接证据，多数情况下，审计人员还需要结合其他审计程序获取的证据才能形成恰当的审计判断。

案例：批判性思维在识别假发票中的运用

A 公司审计部在对公司后勤部门的一次审计中，发现多张从某科技公司开具的发票，内容五花八门，有几千元的图书、服装，还有几万元的家用电器、计算机耗材。这一现象引起了审计人员的关注。

第一步：理性怀疑。

审计人员根据获取的以上信息和审计经验，怀疑被审计单位存在用假发票报账的问题。

第二步：提出问题。

审计人员根据某科技公司开出的发票五花八门的客观事实，提出以下问题。

（1）科技公司出具的发票是否为假发票？

（2）科技公司开出的发票内容是否超出了其经营范围？

（3）被审计单位的采购业务是否真实发生？

（4）被审计单位报销发票的序号与开票日期是否存在倒置情况？

第三步：评估论证。

审计人员首先通过互联网对这些发票进行了查询，结论是这些发票全是真发票；同时又到税务局对发票进行验证，结果是没问题。于是，审计人员转换角度思考：既然该科技公司经营范围如此广泛，那么该公司必然有固定的经营场所，有大型仓库来存储这些五花八门的货物，那么被审计单位的采购人员一定知道该科技公司的具体位置。审计人员对采购人员进行询问，采购人员一口咬定采购业务是真的，是他亲自操办的。审计人员提出让该经办人员带他们去科技公司现场查看时，该经办人员开始面露难色，以各种理由搪塞。在审计人员的一再坚持下，该经办人员最终承认该科技公司其实只是皮包公司，发票都是向科技公司买来的，并未发生采购业务。

第四步：形成结论。

审计人员采用批判性思维，查出 A 公司通过向科技公司购买"真发票"，虚构采购业务，贪污资金数百万元的问题。

案例：批判性思维在国有企业领导人员经济责任审计中的应用

B 公司是某市直属的国有企业集团，也是以农产品、商贸物流、地产、旅游为核心产业的商贸企业，2018 年年底资产总额 48 亿元，管理层级有四级，下属子公司及孙公司达到 80 家，业务量大，会计核算复杂。于某是 Q 公司（B 公司下属孙公司）的总经理兼法人代表，Q 公司主要经营贸易和物流业务，但贸易业务近三年来经营状况不佳，2016—2018 年分别亏损 0.8 亿元、1.3 亿元、1.6 亿元。2018 年年底，于某被免职。2019 年年初，B 公司审计部对于某进行离任审计。

第一步：理性怀疑。根据 Q 公司截至 2018 年年底贸易业务产生巨额亏损的情况，审计组人员大胆怀疑被审计单位可能存在管理混乱，以及于某失职渎职、贪污腐败等造成国有资产严重流失的问题。

第二步：提出问题。既然怀疑被审计单位可能存在国有资产流失的问题，那么，Q 公司究竟存在哪些问题？什么原因造成了巨额亏损？为了把这些疑点弄清楚，真正抓住审计的重点，审计人员带着疑问开展审前调查，确定审计范围，选择审计重点，把可能存在的问题在审计实施方案中具体进行了列示。

（1）造成 Q 公司巨额亏损的原因是什么？

（2）Q 公司内控制度是否建立健全，执行是否严格？

（3）Q 公司资产、负债、所有者权益及于某任职期间的财务收支是否真实、合法？

（4）Q 公司于某及班子成员是否遵守国家法律法规，履行工作职责，是否遵守廉洁从业有关规定？

第三步：审计取证。审计人员按业务工作流程，抽取具体业务样本，对 Q 公司及其下属分 / 子公司内控制度进行了穿行测试。

审计人员仔细审阅党委会、办公会会议纪要，同时采取访谈、检查、重新执行等程序对现金管理、库存商品管理、贸易管理等关键内部控制点和重要环节进行有效性测试。测试结果表明：①Q 公司对贸易业务的管理控制基本处于无章可循或有章不循的状态，存在大量违反财经法规和公司内部规章制度的现象；②Q 公司对外合作、签订合同、付款等重要事项，未经领导班子集体研究决策，未按规定程序审批，均由个别领导决定，内部控制执行力度严重不足。

针对 Q 公司内控不健全、执行不力的实际情况,审计人员决定围绕近几年发生巨额亏损和潜亏的贸易业务,重点开展全面经营情况审计,分析贸易业务产生亏损和潜亏的原因,正确界定相关人员对国有资产流失应负的责任,揭露国有资产流失背后隐藏的深层次问题。

经审计查实,2017 年宋某(分管 Q 公司贸易业务的副总经理,于某的妻弟)存在以下违法违规行为:①违反重大经济决策程序,对外合作不进行可行性分析,不经过集体决策;②违反国家税务法规,利用物流公司的资金优势,擅自决定和私人合作操作"四自三不见"(自带客户、自带货源、自带汇票、自行报关;不见进口产品、不见供货货主、不见外商)、"假自营、真代理"的代理出口汽车配件业务。在合作过程中,宋某不负责任,玩忽职守,不仅不了解合作方资信状况、经营状况和供货能力,而且对汽车配件出口单据是否真实均不知晓,在合作方提供出口退税的单据后,就提前将尚未收到的退税款支付给对方,由此造成 Q 公司近三年累计损失 9 000 多万元。

第四步:形成结论。

审计人员采取批判性思维,采用多种审计方法,从细节入手,抽丝剥茧,得出结论。于某作为 Q 公司总经理兼法人代表,严重失职和经营失误造成国有资产巨额损失,必将受到法律的严惩。B 公司审计部已按规定程序将于某、宋某移交司法机关处理。

第 5 章

创新思维在内部
审计工作中的运用

提升格局才能看到全局,提高维度才能纵观整体。

——郑汇

5.1 / 换元思维

创新思维的显著特征是追求新颖、独特，它需要运用正确的方法，通过艰苦努力和坚持实事求是的态度，对原有事物进行再创造。创新思维的方式主要有换元思维、发散思维、类比思维、动态思维等。

换元思维是根据事物的构成因素，对事物进行拆分、变换元素，以打开新思路。简单来说，数学中我们都学过用换元法解方程，在多个未知元素的基础上，化整为零，不断代换从而得出结论。

在审计工作中，尤其是提出审计处理建议时，将自己代入场景，代入其他人的立场看待问题，去考虑审计发现的问题和处理审计发现问题的原则：如果我是被审计单位当事人，我会更希望采用什么样的方式或方法，更愿意达到什么样的效果和目的。这就是常说的要将心比心，取得被审计单位的理解和信任，这样解决问题的根本目的和重要层次自然就更加清晰了。

换元思维的经典故事：皮鞋的来历

远古时代，无论下地上山，百姓都光脚行走。相传，有位王爷来到偏远的乡间视察，但因为轿子坏了，只能光着脚下地行走。可乡间路面有很多碎石，把王爷的脚刺得伤痕累累。回到家后，他便下了命令：要将国内所有大道都铺上一层牛皮，让所有百姓走路时不再受刺痛之苦。但大臣们冥思苦想也找不到这么多牛皮，但王爷的命令又不能违抗，大家很无奈。

一位聪明的大臣大胆向王爷提出建议："王爷啊，我们没有必要将所有的道路都铺上一层牛皮，只需要用两小片牛皮包住您的脚行走就可以了啊。"王爷听了很惊讶，立即采用了这个建议。想改变世界，很难；要改变自己，则较为容易。这就是"皮鞋"的由来，也是运用换元思维的典范。

这个故事说明，没有解决不了的难题，只有想不到的点子。问题是"死"的，点子是"活"的。有时候换个角度进行思考，就能轻而易举地解决问题。所以说，审计人员碰到难题不要急，正面解决不了，就运用换元思维，只要善于分析，深入思考，总能想出解决问题的方法来。

案例：换位思考，赢得被审计单位信任

大港集团是生产大型注塑机的企业，这几年由于竞争压力增加，人力与土地成本增加，使用注塑机的厂家纷纷搬离沿海比较发达的城市，迁往内地。审计部在对大港集团销售部进行财务审计时，发现销售的注塑机回款比规定的时间长，而企业还有大量的出差费用，出差天数也增加了很多，以往出差一天的，目前平均都在三天左右。审计人员发现上述异常情况后，不是随便就确定问题，而是站在被审计单位的角度，想要充分了解产生上述异常情况的原因，客观地分析上述情况的合理性。于是审计部向大港集团销售部发出询证函，调查注塑机回款时间长、出差费用大等不符合集团财务规定的情况。

大港集团销售部收到审计部的询证函后，高度重视，积极回复了回款时间长的原因：注塑机需要安装，发送给客户注塑机后，由于客户从交通发达的沿海地区搬到内地，交通不便，安装人员少，安装地点不集中，安装工作跟不上，以安装为前提的销售收入结算款项收款延迟。另外，上门安装一方面路途遥远，另一方面需要对注塑机购买厂商的工人进行培训，这些工人文化程度不高，教会他们需要花费的时间长，加之他们自己解决问题能力差，遇到机器设备的问题还是打电话让大港集团派人培训，造成经常出差、出差时间长，财务开支超过集团的标准；并且，为了适应财务管理

的需要，就把一次出差变为二次出差，甚至三次出差。审计人员发现大港集团制订的财务标准是很多年前的，目前环境变化了，却没有及时进行修订。

审计人员根据掌握的情况，发现大港集团销售部确实面临着环境变化，财务制度制订不合理的情况，审计人员站在被审计单位的角度，考虑如何完善财务制度，增加安装人员，利用现场培训的方式解决大港集团销售部的问题。审计部提出建议集团财务部门深入实际调查制订符合大港集团实际的财务政策，建议人力资源部门配置与业务发展相匹配的安装人员，建议科技部门开通视频辅导网络，远程培训辅导购买注塑机企业的员工，解决注塑机购买企业的操作难题。

审计人员站在被审计单位的角度思考问题，提出解决问题的办法和策略，受到被审计单位的欢迎，取得被审计单位的信任，有利于推进审计的价值增加。

案例思考： 做好审计工作需要具备多种能力，其中换元思维就是一项很重要的能力。换元就是更换自己的角色和立场，从不同的角度去看待问题，做好工作。换元思维可以应用到审计计划的制订上，审计人员将自己看作被审计单位业务部门以及治理层、管理层人员，看他们需要什么样的审计工作，业务部门及高级管理人员迫切关心的那些业务、那些工作，就是审计工作的方向。同时，审计人员站在业务管理及高管人员的角度，不仅要发现问题，更要解决问题。所以，运用换元思维开展审计工作提倡监督、评价和咨询职能的共同实现。

案例：体验性审计，提高产品顾客黏性

手机银行作为移动金融的重要载体之一，是各银行大力发展的新兴潜力业务。特别是手机银行逐渐成为银行维系客户、服务客户、增加客户数量的主要渠道，手机银行领域的竞争将在某种程度上影响银行的核心竞争力，并有可能加大各银行的分化程度。为了解各银行的手机银行在功能、便捷度、客户服务等方面的详细情况，给银行手机银行提供开发、上线、

推广等方面的建议，增加客户的黏性，某银行审计组开展手机银行审计调查项目。

审计组手机银行审计调查项目体验性审计的对象：某国有商业银行、某城市商业银行、某农村商业银行。选择以上银行进行对比分析的理由：兼顾层次性和分析的全面性，期望通过对比吸收他行先进经验和做法增强客户体验和客户黏性。

该行手机银行业务作为新兴业务，正处于开发测试阶段，尚未正式上线运营，手机银行功能和效果尚不甚明确。为详尽了解已开展手机银行业务的银行在手机银行建设方面的良好做法和经验，在审计调查过程中，审计组除采用察看、问询、问卷调查等传统方法外，还探索运用"体验式"审计方法。所谓"体验式"审计方法，即运用对比、验证、直接操作、亲身体验等多样化的手段开展审计调查的方法。该审计方法的采用有助于在调查中更好地掌握不同机构不同要素的优劣情况，为该行手机银行项目开展提供参考。

通过对比分析广泛了解手机银行功能、安全性等方面差异。审计组成员分别办理各调查对象的手机银行业务，观察各银行手机银行在功能设置、使用便捷程度、安全性等方面的优缺点。以对比"功能设置"为例，对比分析各银行手机银行功能设置的全面性、创新性、美观程度等，提炼出优秀手机银行功能设置的特点，指出相对劣势手机银行功能设置的缺陷，可以达到取长补短、博采众长的效果。

通过实际操作体验直观感受手机银行差异。审计组成员为真实反映各方面情况，通过实际交易进行穿行测试，直观感受各银行手机银行安全性、便捷性等方面差异，在交易速度和用户体验方面的不同情况，详尽了解和准确掌握各银行手机银行相关特点，为提供审计建议打下坚实基础。

通过实地调查感受各银行手机银行服务态度和推广情况。手机银行作为一项富有发展潜力的业务，各银行不仅在手机银行功能和便捷程度等实用方面展开竞争，还在服务和营销推广方面一较高下。为准确了解各银行在手机银行营销推广和客户服务方面的信息，审计组成员在办理各银行手机银行业务时，以普通客户的身份体验了各银行的服务态度，并通过询问等方式了解各银行在推广方面的实际情况。

审计组成员通过对手机银行的功能丰富程度对比分析、手机银行操作便捷度和响应度对比分析、手机银行交易安全性对比分析等，提出以下建议：以某城市商业银行手机银行为基础，增加某国有商业银行手机银行快速响应功能，丰富手机银行场景功能，利用人脸动态识别技术增加安全性等。这样，可以提升客户的体验性和满意度，增强客户的黏性。

案例思考：本案例给审计的启示在于，在发展重要业务的时候，通过体验式的审计参与，更能体会到客户使用重要产品的感受，更能增强审计的服务功能，有效提升分析的全面性，增强审计调查的客观性以及审计建议的针对性。

体验式审计也是换元思维的一种形式，就是审计人员把自己作为顾客，去实际体验标杆单位的服务与自己单位服务的差别，实际感受服务的质量。换元思维为审计找到一种创新的方法，能够根据审计事项的不同，去不断变换角色和场景，可以更贴近审计的本质。

5.2 发散思维

发散思维是指在解决问题的过程中，对某一问题，通过类推和分析，探索事物的多种属性、事物发展的多种可能和解决问题的多种方案，而不是单一方案的思维方式。发散思维是相对于固定思维来说的，有时我们很容易陷入一种苦苦挣扎的境地，就是因为我们被固定思维束缚了，没有从多个角度去思考问题。发散思维的好坏，标志着一个人智力水平的高低。培养和锻炼自己的发散性思维的能力，有助于提高自己的智力。

发散思维常常会借助头脑风暴获得，利用更多人的智慧，激发更多的想法。像写虚构类小说，就是一种非常需要发散思维的场景，可以天马行空、畅所欲言。

审计工作运用发散思维需要建立发散思维的思考模式。审计人员在平时要注重对发散思维的学习和培养，收集相关的发散思维的案例，认真组织学习，不断领悟。审计人员在日常工作中要尝试利用发散思维来考虑问题和解决问题，从而实现审计查证能力的提升，解决审计工作中遇到的没有头绪、无法按照前辈的做法解决的问题。

审计工作运用发散思维需要审计人员改变工作方法，引进竞争机制，利用头脑风暴，激发审计人员的积极性，开拓审计人员的视野，广泛地吸收不同审计人员的好的点子和思路，加以综合，形成新的观点和方法。

审计人员应该着眼于未来，要有前瞻性，跳出审计做审计，更多地采取立体的、全方位的视角，审视审计方案、审计方法、审计流程，不断地提升审计的有效性和针对性。

发散思维的经典故事：盲人打灯笼

在漆黑一团的夜晚，有个双眼失明的盲人打着灯笼在路上行走。一位不认识他的商人见他是个盲人，便问他："你是个盲人，干嘛还打灯笼？这不是浪费灯油吗？"

盲人却振振有词地说："在黑夜里走路，人家看不到我，很容易把我撞倒。但我若打着灯笼，别人可以看到我，就不会把我撞倒了。"

这个故事告诉我们，凡事不能只从自己的角度去思考，需要多角度进行发散思维。对于这个盲人来说，在漆黑的夜晚走路和在白天走路是一样的，自己摔倒的可能性很小，但被别人撞到的可能性却很大。点着灯笼，实际上是一种自我保护。因此，我们在思考问题的时候，需要把自己放到整个环境中去考虑，将自己的行为与别人产生互动。

案例：主审竞聘制推动审计质效提高

A集团多媒体厅非常热闹，不少审计人员走上讲台，讲述自己有关工程造价审计的方式方法。台上的人讲得激情澎湃。有的说："工程造价审计的难点是隐蔽工程无法核实。我们用跟踪审计的方法，分阶段对工程进度进行审计；另外，我们要求施工企业和业主方提供分阶段施工的照片和工作量表。"有的说："我们聘请工程造价专家，作为本次工程造价审计的外部专家，参与工程造价审计。"还有的说："招投标容易存在腐败问题，在审计过程中我们开通了举报热线、进行访谈，监控舆情消息。"台下的人是评委，认真记着要点，随时向台上的演讲人发问，请台上的人回答，气氛紧张。

A集团审计部为调动审计人员积极性、创新审计管理机制，整合审计资源、提升审计质量、集众之所长，使审计方案更加全面和翔实，推行主审竞聘制。审计部根据年度审计计划，向全体审计人员发布审计项目立项信息，审计人员根据自己的资源和经验，准备该审计项目的审计方案和被审计事项的信息，细化审计要点和审计方法，审计部定期举办审计项目主审竞聘。上面就是审计部组织的"工程审计项目"主审竞聘现场。

参与主审竞聘的审计人员必须有两年以上的审计工作经验，参与过类似审计项目，并在审计项目质量评审中评为优秀，具有良好的沟通协调能力和文字写作能力。竞聘形式是审计人员竞聘前采用头脑风暴法，根据审计项目的要求，编写完成审计实施方案；竞聘时对审计实施方案进行现场答辩。审计实施方案的内容包括但不限于：审计目标、审计对象基本情况分析、审计内容和重点、审计实施步骤及方法、审计组织及时间安排等。方案要求重点突出、层次分明、条理清晰，并具有较强的可操作性。现场答辩分为审计方案阐述和评委提问两个环节。审计方案阐述必须围绕审计方案展开，做到言之有物、详略得当、逻辑清晰、表达流畅。阐述形式可以多样化，建议结合 PPT 等可演示的方式。每位竞聘人员阐述时间不超过 10 分钟。竞聘人员阐述完毕，评委就审计项目有关事项提出问题，由竞聘人员当场回答。评审根据审计方案的评分情况与答辩情况，确定审计项目主审，主审将其他竞聘者的方案和思路以及答辩评委的意见相结合，完善审计方案和流程，提高审计的质效。

主审竞聘制可以极大调动审计人员的工作积极性，可以使竞聘人员通过不同的角度和思维制订审计方案；还可以经过充分的讨论论证增加审计方案的可操作性。主审竞聘制下，以一个优秀方案为主吸收其他方案的优点和长处，能很好地完善审计方案，减少遗漏和审计的缺陷，增强审计的针对性和有效性。

案例思考：利用发散思维，采取集体智慧，是提高审计质量的一套行之有效的方法。发散思维就是广泛地开动脑筋，去挖掘不同的做法，运用发散思维制订的审计方案切实可行，具有很好的科学性。案例中主审竞聘制很好地利用了审计人员的发散思维，取得了较好的审计成效。

案例：设备全生命周期审计

S 能源供应公司是为全市供应清洁热能的公司，其生产热能的关键设备是 40 台热能深井交换机。为了安全运营，热能深井交换机需要每年检修一次。每台热能深井交换机有 12 个热源碳棒，碳棒损坏 3 根以上就需要停机维修。S 能源供应公司面临着清洁热能供应不足的问题，特别是在集中使用热能资源的冬天，客户意见很大。公司管理层决定扩大生产规模，采购新的生产设备，增加投入。生产部门拿出了增加产能的申请报告，提交给公司董事会进行讨论。

董事会为了增加讨论的有效性，让审计部对增加产能的申请报告做一个评估，向董事会提交一个报告。审计部拿到生产部门增加产能的申请报告后，对 S 能源供应公司的生产情况以及设备利用情况、增加的产能是否能够满足需要进行了了解。审计人员提议，反正要对清洁能源生产进行了解，不如成立一个审计项目，项目的名称叫作生产设备产能效率审计调查。审计部拟定了审计方案，组成审计组，调阅相关资料实施了相关的审计工作。

审计发现 40 台设备每年检修一次，每次检修要停工半个月，一半以上的检修是在供能比较集中的冬天，检修以后，还存在更换碳棒的维修工作。2020 年平均每台设备的碳棒维修时间是一周，有的设备一年更换三次碳棒，每次停工一周，生产效率不高，开工率不足。为查明原因，审计人员进一步了解到，设备检修是按照购置的时间安排的，满一年就维修，以此类推，没有考虑到生产产能问题。还有就是购置的发热碳棒来自不同品牌，碳棒的生命周期不固定；同时，更换碳棒的原则是，碳棒能够工作就不更换，只有到了每台设备的碳棒损坏超过 3 根时，才让设备停机进行更换。

审计人员了解到上述情况，就考虑：如果不增加设备，是否能够利用现在的产能满足客户的需要呢？审计人员有了这个大胆的转换思路的想法后就认真查阅热能设备的运行资料，利用甘特图排出设备维护的时间，提出热能设备均衡维护、避开集中供热旺季的大批量维护方案。考虑到同一产品的生命周期相同，采购发热碳棒就用同一品牌，数量多，也可以采取集中采购，降低采购价格。建议按照产品生命周期更换发热碳棒，避免出现碳棒坏掉以后再匆忙更换的情况，协调更换碳棒的时间与设备的维护时间。审计组将建议方案提交给公司技术部门和生产部门论证，他们都觉得这种办法可行，就报请公司管理层先试行。经试行，结果良好，停工检修的时间缩短，维修的时间安排合理，完全能在不增加设备的情况下满足客户需要，节约了成本。

审计部门将考虑设备生命周期的这种审计方法定义为设备全生命周期审计。

5.3 / 类比思维

类比思维以比较为基础，以相似点为依据，根据两个对象在某些属性上类似的特色，进而推出其他属性也类似。类比思维这种独特的启发作用，为人们进行创新思维开辟了广阔的天地。

审计是一门探求性的工作。被审计单位的情况各不相同，有的还错综复杂。审计人员在明处，错误、问题和造假躲在暗处，这就需要审计人员做出合理的专业判断。而合理的专业判断来自正确的思维方式。做探求性的工作要有创造性的思维，正确运用类比思维，通过比较、分析、判断，可使审计工作取得良好的效果。

按照对象，类比分为同类事物之间的比较和不同类事物之间的比较。

按照形式，类比分为求同比较和求异比较。

类比思维的经典故事：锯子的由来

很久以前，人类伐木工具落后，主要是用斧头去砍，效率低下。相传，鲁班砍树时手指意外被茅草划破，他对此很惊讶：小小的茅草为何这么锋利？仔细观察后，他发现茅草两边长着锋利的细齿。鲁班想：如果用铁片做件像茅草一样有细齿的工具来伐树，速度岂不是快得多？于是他经多次试验，终将铁片做成了锋利的锯子。这就是锯子的由来。

审计人员建立类比思维模式，利用类比的思维开展审计工作，有助于做好审计项目，搞好审计沟通；建立类比思维案例库和方法库，可以在开展审计工作中不断借鉴。审计经验的积累其实就是一个利用类比思维不断提高自我修养和素质，提高审计能力的过程。任何一个审计人员都不可能学习完全部的知识，掌握所有的技能，做过所有的审计项目。审计人员需要在工作中不断利用类比思维，从已经做过的审计项目中积累经验，学习开展新的审计项目。比如审计人员已经开展过张三的经济责任审计，那么其他的经济责任审计也可以比照张三的经济责任审计开展。同样，审计人员做过了化工企业负责人的经济责任审计，那么对于其他行业企业负责人的经济责任审计也可以参照来做，实现审计项目的融会贯通。

审计人员在使用类比思维的同时，要注意找问题的本质，发现事物之间的相同点，审计方案可以相互借鉴，审计报告也可以相互学习。所以，类比思维的建立，重在审计人员学习能力的培养。审计人员可以通过向同行业审计人员学习，以及向跨行业审计人员学习，来提高自己的业务能力和业务素质。

学习曲线是类比思维的具体体现，利用广泛深入的学习，可以使学习曲线更富有效率，利用较少的投入，获得较大的回报。学习曲线是审计人员业务知识和业务能力积累的体现，建立学习案例库、制度库、知识库更能优化学习曲线，达到审计效益最大化。

案例：利用审计经验，研判应收账款损失率

A 贸易公司是一家农资批发公司，其客户都是本地区的农资零售公司。审计组在组织开展 A 贸易公司财务收支真实性审计时，核实应收账款的损失情况和是否足额确认信用减值损失。审计组已经对本地区 30 家类似的农资批发公司进行了审计。

审计组发现 A 贸易公司的应收账款账面金额很大，占到销售收入的 50% 以上，而应收账款损失率不到 1%，确认的信用减值损失也很少；而审计组已经审过的农资批发公司平均应收账款损失率都在 8% 左右，确认

信用减值损失的比例在 5% 左右。A 贸易公司这些数据引起了审计人员的高度关注。审计人员第一印象是这家公司应收账款损失率这么低，应该是业务管理特别好、客户特别好或者是有相应的信用政策。可审计人员通过访谈发现，A 贸易公司和其他已审过的农资批发公司信用政策一样，客户群体也没有多大区别，A 贸易公司的经理还是从另一家公司调来的。审计人员考虑：如果客户、信用政策、管理情况基本相同，那么应收账款损失率没有理由这么低。

审计人员根据经验得出：一个地区同类企业的应收账款损失率应该基本接近，历史上多次审计也证明了这个规律。A 贸易公司可能存在应收账款计算不准确，损失率低估的问题。审计人员重点审计了应收账款的真实性，向应收账款的单位发函或亲自上门核对，发现有近 60% 的应收账款不存在。最后得出结论：A 贸易公司虚增销售收入，扩大应收账款总额，导致应收账款损失率下降。

审计组提请 A 贸易公司管理层对不真实的销售收入给予调整，收回责任人获得的绩效奖励，并给予责任人留用察看的行政处分。

案例：借外部审计方案，开展科技风险审计

B 银行是一家地方性商业银行，有独立的科技系统支持业务发展，科技风险是银行管理层及监管部门高度重视的，每年都邀请外部审计做一次科技风险专项审计。

2021 年 B 银行董事会根据监管部门的意见，要求审计部门独立组织开展科技风险专项审计，不再每年委托外部审计来做。审计部门接到审计任务后，认真研究如何确定审计方案，开展科技风险审计。总结出的现有问题是：没有科技风险审计经验，缺乏能够独立开展审计的专业人员，对科技风险的审计要点不了解、审计方法缺失。

审计部门为了克服人员经验不足、审计方法缺失、对审计要点不了解的困难，就向科技风险审计经验比较丰富的会计师事务所寻求帮助。首先

请会计师事务所的资深审计师对审计部门的员工进行科技风险审计流程和方法的培训,讲授银行科技风险审计的要点和可能采取的风险识别方法,让每一个审计人员都对科技风险审计有一个清醒的认识;其次是请会计师事务所讲授外部审计的方案,包括制订审计方案的依据、审计目标、审计方法、审计要点、审计流程和需要特别关注的地方;最后是组成审计组借助外部审计的方案,结合监管部门《商业银行科技风险指引》以及其他相关制度,列示出审计程序表,进一步完善审计方案,经过审计组成员的充分讨论,提请外部审计机构给予审核。

审计部门借助外部审计的方案,经完善后,组织实施内部审计的科技风险专项审计。审计人员关注了外部审计所关注的科技风险的要点,按照外部审计的方法进行了风险点的梳理和测试,发现了影响科技安全的风险隐患。审计人员又站在业务的角度,对科技运行情况、科技系统的业务连续性、科技外包安全、业务系统风险控制策略和措施进行了认真审计,发现了外部审计没有关注到的以下问题:业务连续性演练不足,演练停留在系统中段的层面;没有考虑火灾、人为破坏对系统安全性的影响;没有关注到业务数据的频繁修改给业务运行带来的负面影响。

审计人员在审计资源不足、没有开展科技风险审计经验的情况下,没有抱怨和推诿,而是开动脑筋,通过学习,借用外部审计的方案和外部审计的智慧,制订符合内部审计需求的属于自己的审计方案,组织开展审计并获得较好的审计成效。

5.4
动态思维

　　动态思维是指以变化发展视角认识事物的思维方式。所有系统都是运动的，都有其发展规律，都有诞生、发展、消亡的过程。我们在看待事物时，不仅要看到事物的现在，而且要看到事物发展的未来。企业是一个系统：对外，时刻保持着与社会、市场的信息交换（广义的信息输入和输出）；对内，既要组织人、财、物生产，又要实施产品生产，还要进行信息生产。这一动态过程，决定了内部审计人员必须用动态思维去思考问题。实践中，内部审计人员要有明确的时空观，在判断、分析和处理问题时，要运用动态思维，充分考虑时间的继起性、空间的并存性、原因的多样性和问题的发展性。

动态思维的经典故事：河中石兽

　　清朝乾隆年间，大学士纪晓岚在《阅微草堂笔记》中讲述了一个故事——《河中石兽》。

　　沧州南一寺临河干，山门圮于河，二石兽并沉焉。阅十余岁，僧募金重修，求二石兽于水中，竟不可得，以为顺流下矣。棹数小舟，曳铁钯，寻十余里无迹。

　　一讲学家设帐寺中，闻之笑曰："尔辈不能究物理。是非木杮，岂能为暴涨携之去？乃石性坚重，沙性松浮，湮于沙上，渐沉渐深耳。沿河求之，不亦颠乎？"众服为确论。

一老河兵闻之，又笑曰："凡河中失石，当求之于上流。盖石性坚重，沙性松浮，水不能冲石，其反激之力，必于石下迎水处啮沙为坎穴，渐激渐深，至石之半，石必倒掷坎穴中。如是再啮，石又再转。转转不已，遂反溯流逆上矣。求之下流，固颠；求之地中，不更颠乎？"如其言，果得于数里外。然则天下之事，但知其一、不知其二者多矣，可据理臆断欤？

这个故事的结果看起来是让人不可思议的，成百上千斤重的石狮子怎么会"跑"到上游去呢？可事实摆在那儿，就不由得会引人思考了，自视学问深奥，能究物理的讲学家都做不到的事情，一个不通文墨的老河兵却做到了，这说明一个什么道理呢？

僧人和讲学家以前没在河中捞过石头，他们的"顺流而找"和"原地深找"的举动都是在一知半解中作出的主观判断，而老河兵的推断依据的是实践经验，"凡河中失石，当求之于上流"，其推理的过程更体现的是一种动态思维。

看完这个故事，只明了故事的主旨是不够的，还要明了纪晓岚是怎样引导人们去进行动态思维的。如果没有足够的论据，强将道理硬塞给人们，就算他是大学士，人们也很难会买账的。

如此看来，纪晓岚不仅是讲故事高手，也是一位思维高手，不愧是有名的大学士啊。

———

这个故事告诉我们，错误的思维，会导致错误的行动。只有对问题做了正确分析，审计人员才能根据问题产生的原因和发展的趋势采取正确的行动。审计人员必须要动态地考虑业务数据的变动情况、变动趋势，动态地持续监控数据的变化，及时分析被审计对象的情况、及时发现业务运行中出现的偏差，及时纠偏。只有通过有效的思维训练与创新，审计人员才能不断提高自己分析问题和解决问题的能力。

案例：加强新业务全程审计，防范新业务风险

大江证券公司不断推出新业务赢得了客户的信任，新业务成为大江证

券公司利润增长的新亮点。大江证券公司领导高度重视业务创新，在不断推出新产品的同时，特别关注新业务在经营和操作中的风险。

大江证券公司审计部为了适应业务创新的需要，运用动态思维，积极跟进新业务的审计工作，防控新业务带来的各项风险。

2020 年 11 月，审计部对大江证券公司业务部门开发的跨期外汇理财产品进行跟踪审计，这是新业务全程审计的最后一步，处于对已经开发上线的新产品进行后续评估的事后审计阶段，这个阶段直到该产品下线，产品全部兑付完成才会结束。审计人员需要根据跨期外汇理财产品的规模、风险状况以及市场反应情况，定期组织后续跟踪审计，评估业务的流程、风险、产品价值、客户满意度等，为公司高层决策提供支持数据和审计建议。后续评估内容包括：新业务运行过程中，制度的执行情况；以及在内外部环境变化的情况下，公司管理部门是否及时调整，以适应内外部环境的变化的情况。在这一阶段，审计人员要根据审计发现的问题向管理层提出持续改进的建议，并督促落实持续改进的措施，巩固持续改进的成效；还要定期评估改进的效果，根据评估的情况，确定新业务审计的频率和审计的力度。

在事后审计阶段前，还有事前审计阶段和事中审计阶段。事前审计是指在 2011 年 10 月，大江证券公司业务部门拟开发跨期外汇理财产品，业务部门进行产品设计和制度建设的时候，审计部及时介入，根据审计经验以及掌握的监管规则、同行业其他机构类似产品的情况，独立地参与新业务前期的论证和评估，对新业务的产品设计和流程安排，提出独立的审计意见。例如，审计人员会提示相关部门在产品设计时关注高风险承受能力的客群，对个人资产达到 500 万元以上，有金融衍生产品购买经验的客户，给予风险提醒，特别是汇率风险提醒；在签订合约时约定风险损失的最大额和处置风险的触发值，保证新业务能顺利运行。

事中审计是指新业务产品经过开发准备上线运行，业务系统开发基本完成前的阶段。审计人员应该关注新业务制度，审计业务流程的合规性、合理性和有效性，对制度制订中存在的问题和风险提出修改意见和建议，从制度层面来满足业务发展和防范风险的需要。审计人员还要关注新业务上线工作，及时评价系统准备情况，如上线是否存在问题等。对于系统设计中存在的不足，提出改进意见，并监督落实改进措施。在事中审计阶段还要关注新业务试运行的情况，如关注客户是否能够理解产品的含义，对业务办理流程是否满意，流程中是否存在操作风险和产品风险，是否及时提供风险提示，应急预案是否完备，等等。

在此次审计中，审计人员还发现客户购买跨期外汇理财产品后短信通知延迟，或者发生错误，以及外汇波动较大时，产品净值波动大，风险提示不到位等问题，业务部门根据审计建议及时做出了整改。

大江证券审计部充分运用动态思维，开展新业务制度、流程、合规、风险的全过程审计，实现事前、事中、事后的全程参与和审计，为新业务的发展保驾护航。

案例：运用动态思维，开展嵌入性审计，及时防控业务风险

A 银行审计部审计人员小郑手机里接到了本银行清算资金低于设定安全线的信息提示，收到这条信息的还有金融市场部的总经理、业务交易员，以及计划财务部总经理、主管清算资金的专管员。审计人员小郑立即将这一情况报告给审计部负责人，监督金融市场部和计划财务部启动应急预案，自动将对外清算资金进行从大到小的排序，小额优先支付、个人优先支付，暂时冻结金融市场的资金清算，金融市场部根据自身交易情况，决定是否出售资产或进行同业拆借以解决资金流动性问题。A 银行审计部这种让审计实现风险关口前移的做法，很好地提升了审计的时效性。

审计如何能够实现风险关口前移，及时发现业务风险，发挥审计的增值作用呢？其做法就是将审计软件嵌入业务系统。A 银行审计部组织分析，集思广益，运用动态思维，设置了 200 多个预警模型和预警指标，实时发现预警指标值的异常。比如当清算资金低于安全线时，及时提醒业务部门和审计人员，审计人员启动监督机制，监督业务部门应急预案的启

动，并实时察看处置措施的落实情况。比如在预算控制的指标中，一旦业务运行中出现超预算的费用开支，系统可以自动拦截，此时若要继续，需要申请预算的变更，预算变更通过后才能进行下一步操作。

A银行审计部在不能实时拦截的情况下，将预警的业务数据和客户及时反馈给业务部门，让业务部门做进一步处理。比如当审计人员发现客户的信贷资金的流向和贷款时约定的不一致，或者用途改变，就及时提醒客户经理做好贷款检查，查明贷款资金流向改变的原因，对于无故改变的，及时收回贷款资金避免出现不良资产，造成贷款损失。

嵌入式审计可以根据业务情况及时自动预警，从而提高工作效率，及时防控风险。

第 6 章

内部审计思维能力的自我评价与提升

把时间用在思考上是最能节省时间的事情。

——卡曾斯

6.1
内部审计人员思维能力自我评价

　　知识是能力的基础，思维是行动的先导，一个人的创造力取决于他的知识、能力、思维和行动的相互作用，其中思维最为关键。但是，很多人没有进行专业的思维训练，没有形成完整的思维体系和完善的思维方式，从而影响了思维能力的正常发挥。那些偶然迸发的思想火花由于缺乏思维能力的深度推进，常常是昙花一现。因此，拓展思维深度、延伸思维广度、提升思维高度、增加思维速度，并在此基础上形成与时代合拍的思维体系和思维方式，是使内部审计人员变得更优秀的基本要求。内部审计人员只要全面理解与掌握了这些思维方式，就可以将审计过程中获得的各种信息加以有机整合，其知识和思想将变得更有条理、思路更加清晰，那些常常在不经意中出现的思想火花就可以形成整体并具有一致性，促使知识转化为力量，从而更加有效地促进内部审计价值的实现。

审计思维能力自我评价的内容

　　审计思维能力是一种有目的的思辨能力，它表现为根据对被审计对象客观情况经过自我解释、分析、评价和推理的结果所做出的判断，即根据证据、概念、方法、标准，并适当考虑环境状况做出的判断。一个优秀的审计人员总是富有好奇心，具有敏锐的判断力，对自己做出的各种判断或结论能够给出可信的理由，而且虚心、灵活且评价公允，能真诚面对个人偏见，判断谨慎并且乐于思考，看问题通透，能从复杂的事物中找到规律，善于查证相关信息，合理选用标准，坚持做到用证据说话。

人的思维能力的高低主要取决于大脑对客观事物的概括、判断和推理水平。思维能力不仅反映大脑的聪慧程度，也反映系统思维品质的锻炼程度。

内部审计人员思维能力自我评价是指依据一定的评价标准，对自己的思维倾向和能力做出分析和判断，并对自身的思维能力进行自我调节的活动。自我评价具有自我诊断功能、自我反馈功能和自我激励功能。自我评价对于审计人员进行思维训练、提高思维能力有指导意义。

内部审计人员思维能力自我评价表设计说明

目前国内关于审计思维测评的研究尚处于空白状态。这里参照《加利福尼亚批判性思维倾向测试》（CCTDI-CV-2000）的基本思路，结合内部审计特征，设计了内部审计人员思维能力自我评价表，包括 7 个部分，各 10 道题。

1. 寻找真理测试，测试内部审计人员是否敢于提问、探求客观真理。

2. 思想开放测试，测试内部审计人员是否考虑到自己的观点可能存在偏见以及能否容忍不同意见。

3. 分析能力测试，测试内部审计人员是否重视对理由和证据的运用，以及对可能发生的结果或后果的预见能力。

4. 系统化能力测试，测试内部审计人员处理问题是否专注、勤奋、有条理。

5. 自信心测试，测试内部审计人员对自我推理论证的过程和结果的自信程度。

6. 求知欲测试，测试内部审计人员探求知识的好奇心。

7. 认知成熟度测试，测试内部审计人员在处理问题时是否深思熟虑。

测试题型为单项选择题。针对每一个问题，有 6 个选项：

1= 非常不赞同，即从来都没有这样过；

2= 不赞同，即虽然并不是完全不符合，但这样的情况很少；

3= 不太赞同，即通常来说偶尔这样；

4= 有点赞同，即大约有一半时间是这样的；

5= 比较赞同，即通常来说是这样；

6= 非常赞同，即会毫不犹豫地这样做。

测试总得分是一个 70 ~ 420 分的浮动区间。如果总分在 350 分及以上，表明测试者审计思维能力优秀；若分数处于 281 ~ 349 分，表明测试者审计思维能力较强；若分数处于 210 ~ 280 分，表明测试者思维倾向不明，审计思维能力一般；210 分以下则表明测试者审计思维能力欠缺。

内部审计人员思维能力自我评价表

读者朋友，您好！这是一份内部审计人员思维能力的自我评价表。本次问卷不记名，只有您自己知晓。为了评估结果的准确性，请注意以下几点。（1）请您在每一个问题的后面选上适合您自己情况的选项。（2）请您在填写问卷时不要与他人商量。（3）所有的答案没有对错之分，您只需按照自己的真实情况和第一感觉填写即可（在表 6-1 至表 6-7 中填写）。（4）请您在每个问题后与你的观点相对应的序号下打钩，用时 30 分钟。其中：6= 非常赞同；5= 比较赞同；4= 有点赞同；3= 不太赞同；2= 不赞同；1= 非常不赞同。

一、审计思维能力特质——寻找真理

表 6-1　寻找真理测评

测评内容	6	5	4	3	2	1
1.面对有争议的论题，要从不同的见解中选择其一，是极不容易的						

续表

测评内容	6	5	4	3	2	1
2.对某件事如果有四个理由赞同，而只有一个理由反对，我会选择赞同这件事						
3.如果现有的证据表明我的想法是错误的，我会改变我的想法						
4.处理复杂问题时，我会感到心烦						
5.当我表达自己的意见时，我会尽量保持客观						
6.我在潜意识中总想寻找一些支持我想法的事实						
7.当我预感到某些事实可能会推翻我的想法时，我会害怕去寻找事实的真相						
8.既然我知道怎样去做这个决定，我便不会反复考虑其他的选择						
9.我知道应该用什么标准来评判审计中的绝大部分发现						
10.审计证据是验证真相的唯一标准						

二、审计思维能力特质——思想开放

表6-2　思想开放测评

测评内容	6	5	4	3	2	1
1.了解别人对某件事物的想法，对内部审计人员来说是很重要的						
2.我总是努力尝试减少主观判断						
3.认真研究反对我的人的想法是很有意义的						
4.当面对困难时，要考虑事件所有的可能性，这对我来说虽然很难但我会耐心去做						
5.在小组讨论时，若我的见解被其他多数人认为是错误的，我认为就没有再坚持的必要						
6.内部审计人员应该尽量站在被审计人的角度思考问题，而不是要求他们站在审计人员的立场来思考问题						
7.他人不应该强迫我去为自己的意见做辩护						
8.我对不同的观点持开放态度，并认为这点对审计人员来说很重要						
9.每个人都有权利发表他们的意见，我也会认真倾听他们的意见						
10.我不会怀疑众人都认为理所当然的事						

三、审计思维能力特质——分析能力

表6-3 分析能力测评

测评内容	6	5	4	3	2	1
1. 当他人只用浅薄的论据去为他的构思护航，我会感到着急						
2. 我的判断必须有证据或依据支持						
3. 要反对别人的意见，就要提出足够的理由						
4. 我发现自己常评估别人的论点						
5. 我可以算是个有逻辑的人						
6. 处理难题时，首先要弄清楚问题的症结所在						
7. 我善于有条理地去处理问题						
8. 当别人向我咨询某个我并不很清楚的问题时，我不会装作很懂的样子去回答						
9. 在审计工作中要提出一个较好的解决问题的建议是很难的						
10. 多年的审计工作经验告诉我，处理人际关系最需要的是换位思考						

四、审计思维能力特质——系统化能力

表6-4 系统化能力测评

测评内容	6	5	4	3	2	1
1. 我一般先分析问题的重点所在，然后再深入分析原因，解决问题						
2. 我很容易整理自己的思维						
3. 我善于策划一个系统的计划去解决复杂的问题						
4. 我经常反复思考在审计实践和经验中的对与错						
5. 我的注意力不太容易受到外界环境的影响						
6. 我可以与被审计单位不断谈论某一问题，但非常反对屡审屡犯						
7. 当我拿到一份纸质文件或报告，觉得它复杂难懂时，我便放弃继续阅读下去						
8. 被审计单位通常认为我做审计决定时过于较真						
9. 同事们认为我做审计决定时犹豫不决						

续表

测评内容	6	5	4	3	2	1
10. 我希望得到有关我个人的工作方法、工作成效等方面的及时反馈信息，从而了解自己是否在进步						

五、审计思维能力特质——自信心

表 6-5　自信心测评

测评内容	6	5	4	3	2	1
1. 我欣赏自己拥有精确的思维能力						
2. 需要思考而非全凭记忆作答的测验较适合我						
3. 我的好奇心和求知欲经常受到别人欣赏						
4. 面对复杂的问题时，因为我能做出客观的分析，所以同事们会找我拿主意						
5. 对自己能够想出有创意的选择，我很满足						
6. 就某项重大问题做决定时，同事们期待我去制订适当的原则作为指引						
7. 我对自己利用所拥有的技能去完成某项工作的自信程度很高						
8. 对自己能够了解其他人的观点，我很满足						
9. 当问题变得棘手时，其他人会期待我继续处理						
10. 在审计发现汇总沟通会议时，我不害怕被审计单位提问						

六、审计思维能力特质——求知欲

表 6-6　求知欲测评

测评内容	6	5	4	3	2	1
1. 探究新事物能使我的人生更丰富						
2. 在面对一个重要抉择前，我会先尽力搜集一切有关的资料						
3. 我期待去面对富有挑战性的事物						
4. 我会从他人的成功中受到启发						
5. 我喜欢去寻找问题产生的原因						
6. 无论什么话题，我都渴望知道更多相关的内容						
7. 当我犯错误时，我会试着从错误中学习						

续表

测评内容	6	5	4	3	2	1
8. 我总是不断地更新自己，包括知识、技能以及思维模式等						
9. 内部审计人员要尽可能与被审计单位中高层沟通，与基层人员沟通可能是浪费时间						
10. 主动帮助解决被审计单位的难题不是内部审计的职责						

七、审计思维能力特质——认知成熟度

表 6-7　认知成熟度测评

测评内容	6	5	4	3	2	1
1. 最好的论点，往往来自对某个问题的瞬间感觉						
2. 我做某件事情时关注过程比关注结果更多一点						
3. 有时付出高的代价（例如，金钱、时间、精力），不一定能取得更有说服力的证据						
4. 当我持开放态度，便不知道什么是真、什么是假						
5. 如果可能，我会尽量实地调查，而不是坐在办公室阅读报告						
6. 对我自己所相信的事情，我是坚信不疑的						
7. 我会因他人的成功而感到由衷的高兴						
8. 解决难题的最好方法是向别人虚心求教						
9. 事物的本质和它的表象是一致的						
10. 有权威的人所持的观点并不一定就是正确的观点						

6.2 内部审计人员思维能力提升

对于思考，有人或许有这样的体验：不思考还好，一说要思考，要动脑，脑袋就疼。事实上，这是不善于思考，平时缺乏思维训练的表现。

思维是智力的核心，是一个人智力高低的主要标志。恩格斯把思维誉为"地球上最美丽的花朵"，人的一切创造性活动都与思维能力有关。人类的进步从根本上来说，就是人的思维的进步。

人类的一切活动都是建立在思维活动基础上的。一个审计人员能否成为优秀的人，最关键的还是在于学习与工作中能否进行有效的思维能力的锻炼。纵观世界上那些有杰出贡献的人，他们都有一个共同点，那就是思维能力异常敏捷。例如发明大王爱迪生从小就是个爱动脑筋，善于思考的孩子。可以这样说，无论对社会还是对个人，思维都如灵魂般重要。那么，内部审计人员如何提升审计思维能力呢？

提升思维能力的一般方法

一、培养主动思考的习惯

思维能力的提升离不开思考习惯的培养。好奇心是主动思考的基础，打破常规、跳出框架，才能探索规律、发现问题。主动思考的习惯是可以培养的，在审计工作中独立思考、深入思考，保持应有的职业谨慎，久而久之这就成为一种习惯。

二、注重知识储备和经验积累

任何深度思考都建立在丰富的知识储备和深度的了解的基础之上。只有掌握丰富的知识和实践经验，才具有良好的思维，才能从事物的不同方面和不同联系上去考虑问题，从而避免片面性、表面性和狭隘性。那么，怎样才能丰富知识储备呢？做好以下两点。

第一，缩小关注范围，深化专业能力。每一个人的精力与能力总是有限的，而知识是无限的，如果你不懂得聚焦，什么都学，你将样样都学不精，从而失去核心竞争力。

第二，打开视野，促进知识更新。当今社会，知识与行业更新速度极快，个人构建的知识体系也需要持续更新。我们必须打开视野，跟上时代节奏，才能不断更新与完善知识。

三、注重知识迁移，将知识转化为能力

建立了完整的知识结构，并不等于有能力解决实际工作中遇到的问题。高智低能的现象并不少见。知识只有转为能力，才能真正应用于实际工作，这就需要学会知识迁移。

学习是一个连续的过程，任何学习都是在学习者已有知识、经验、技能的基础上进行的。这种原有的知识结构对新的学习的影响就形成了知识的迁移，从而促使知识转化为技能，技能转化为能力。

古人就已经注意到知识迁移的重要性。《论语·学而篇》中记载，子贡曰："贫而无谄，富而无骄，何如？"子曰："可也。未若贫而乐，富而好礼者也。"子贡曰："《诗》云，'如切如磋，如琢如磨'，其斯之谓与？"子曰："赐也！始可与言《诗》已矣，告诸往而知来者。"由这段对话不难看出，子贡把为人处世之道与《诗经》中的知识相结合，在学习中做到了"告诸往而知来者"。这种学习方法，与现在讲的知识迁移不谋而合。

什么是学习

人的一生中，学习是一项非常普遍而且重要的活动。但相传最早，"学"与"习"是分开使用的，具有不同的内涵。"学"主要是指获取直接经验和间接经验，就是"学知识、学理论"的意思。"习"主要是指熟悉和掌握技能、修炼德行等带有实践意义的活动，也就是"练习、实践"的意思。是孔子最先将"学"与"习"联系在一起的，孔子曰"学而时习之，不亦说乎？"由此可见，"学习"="学"+"习"，"学"是认知的过程，人们通过"学"获取新的认识，经过反复的"练习、实践"，举一反三，将学到的知识进行拓展与延伸，知行合一后，达到消化、吸收、转化新知识的效果，完成知识迁移。

知识迁移，关键在进行能动思考。学习需要读书，但学习并不等同于读书。"学而不思则罔，思而不学则殆。"一味读书而不思考，不懂得消化和取舍，就会成为书呆子；一味空想而不去钻研和实践，最多也只能算是个空想家。只有把学习与能动思考有机结合起来，才能把碎片的东西变成系统的，把静止的东西变成动态的，把书本的东西变成自己的，从而有效实现知识迁移。

四、保持良好的情绪状态

心理学研究揭示，良好的心理素质和精神状态可提高大脑利用效率，从而促进思维能力的提升。在学习与工作过程中，审计人员经常会遇到困难、挫折、失败，会产生紧张情绪，感到学习负担和压力等，审计人员平时应该学会调节和控制自己的情绪，使自己保持平静、轻松的情绪，保持乐观向上的积极情绪，从而提升思维能力。

提升发现问题与解决问题的能力

内部审计的基本工作就是发现问题与解决问题。拥有发现与解决问题的能力是成为一个内部审计人员的硬性条件，是否拥有这种能力直接决定了内部审计人员是否能够承担起责任、胜任工作。因此，内部审计人员可以通过以下三个方面能力（见图 6-1）的提升，让审计工作更上一层楼。

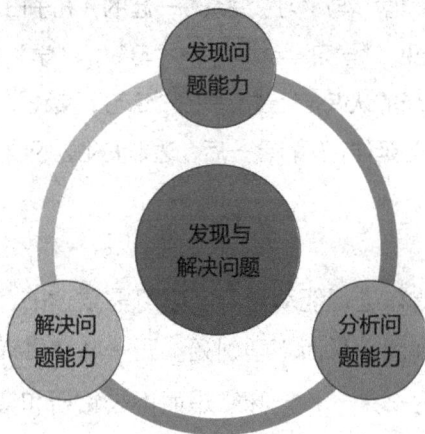

图 6-1　发现与解决问题能力提升模型

一、提升发现问题的能力

发现问题是解决问题的前提。没有对潜在问题的识别能力，一切解决问题的方法和技巧就会成为空谈。这就要求审计人员具有能够察觉、甄别和界定隐藏于被审计单位工作中"有所不同"的存在。

1. 察觉问题。发现问题的难点在于察觉问题的存在。因为问题并不是显而易见的有形事物，有些问题会在环境掩盖下缓慢发展，所以很难被察觉。实际工作中时常有异常的状况发生，有时即使是细微的异常也会引发严重的问题。

2. 甄别问题。察觉出问题以后，就需要对问题进行甄别。没有经过甄别的问题就不能被称作问题，有异常状况并不代表一定有问题存在。

同样的异常状况，有的人认为是问题，有的人则不认为是问题。甄别就是辨别什么才是真正的问题的过程。所以，审计人员需要仔细地辨别事物的异常状况，避免由于自己认识不清而把自己不理解或不能接受的事物看作问题。

3. 界定问题。当甄别出真正的问题后，就需要对问题做出清晰的界定。有些问题一开始表现得不明显，但是随着时间的推移它会滋生蔓延，最终形成难以收拾的局面；有些问题却会随着时间的推移而消失得无影无踪。界定问题需要准确地判断问题的性质、程度和影响，决定是现在还是以后解决它，或是对它置之不理，避免在一些不必要的问题上浪费时间和精力。

以上三个方面需要内部审计人员具有敏锐的洞察力，能意识到有所不同的存在，然后进一步综合分析、辩证思考，抓住那些能够反映事物本质特征的现象，去伪存真，弄清楚真正的问题，并在心里形成一个问题的概况。发现问题，需要信息的刺激，需要审计人员去深入思考和判断，只有这样才能提高内部审计发现问题的价值。

二、提升分析问题的能力

当内部审计人员识别出问题后，就需要直接或对照以往经验对问题进行分析，从而对问题的属性、影响、现状及解决问题所需的时间和资源进行全面了解，对解决问题的价值和意义进行评估，然后决定是回避这个问题还是要解决它，并确定要达成的目标。内部审计人员在分析问题时可以遵循 5W 原则（见图 6-2）。

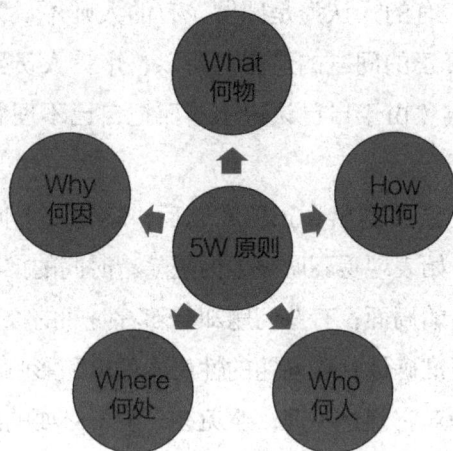

图 6-2　分析问题 5W 原则

1.What——何物。

问题不同，问题的性质也不尽相同。因此，审计人员需要深刻认识要解决的问题究竟为何物。比如了解：主要问题是什么；问题与问题之间有联系吗；问题的背景是什么；问题的范围有多广；如果问题不解决将会发生什么；等等。

2.Why——何因。

遇到问题怎么办，找到病根是关键。凡是出现的问题，都是有其诱因的，这就需要找到问题产生的原因。比如了解：为什么会出现这一问题；为什么在以前的审计工作中没有意识到这一问题；为什么这一问题一直未能得到解决；等等。

3.Where——何处。

不同的问题可能发生在同一地点，相同的问题也可能发生在不同的地点。"头痛医头，脚痛医脚"的思路肯定是不行的，审计人员在解决问题时要找到"痛"在何处。比如了解：问题出现在哪个环节、哪个部门；问题发生的地点是偶然的还是必然的；问题还有可能在什么地方发生；等等。

4.Who——何人。

任何组织都有分工，当某个问题出现时，就需要找到与这个问题相关的人。比如了解：意识到这个问题的人是谁；谁对这一问题的发生承担责任；谁拥有解决这一问题的方法；谁最有可能从问题解决中受益；解决这一问题后谁的利益可能受损；谁拥有解决这一问题的决策权；等等。

5.How——如何。

如何处理问题是需要考虑的关键性要素，审计人员可以根据问题的分析结果与相关部门或人员一起制订出解决问题的方案。

当然，现实工作中的有些问题是静态的、固定的，而有些问题是动态的，常常随着时间的推移和环境的变迁而不断改变。这就需要审计人员对具体问题进行具体分析，不断提高自身的分析能力。

三、提升解决问题的能力

审计人员的主要职责就是解决组织中存在的各种各样的问题。只有具备了关键的问题解决能力，审计人员才能发挥其在企业中的价值。要提升解决问题的能力，需要具备以下能力。

1.目标关注能力。解决问题时，关注的是解决问题所要达到的目标，而不是问题本身。研究神经的科学家已经证明，如果一个人过于专注问题本身，那么大脑就无法找到解决方案。这是因为当一个人把注意力集中在问题上时，实际上是在给自己灌输消极情绪，而这反过来又会激活大脑中的消极情绪，它们就会阻碍潜在的解决方案出现。这并不是说应该忽略这个问题，而是应该试着保持冷静，思考如何消除问题，达成组织目标。因此，要解决问题，首先要意识到问题的关键所在，然后把注意力转移到解决问题的心态上。在这种状态下，就会把注意力集中在"问题的答案"上，而不是纠结于"哪里出了问题"和"是谁的错"。

2.运用思考力，列出尽可能多的解决方案。当发现问题的根源时，必须调动毕生所学的知识及经验，让大脑将那些有可能与问题产生关联的部分逐一连接，这就叫思考力。充分运用思考力，试着考虑尽可能多的解决方案，即使其中的一些方案看起来很荒谬。不管你去做什么，永远不要嘲笑自己想出了愚蠢的解决方案，因为往往是这些愚蠢的想法触发了其他更可行的解决方案。

3. 具有洞见能力。洞见能力是指能够看到别人看不到的深层逻辑，能够观察到别人观察不到的细节的能力。"成功源于拥有一双会观察、会发现的眼睛。"审计人员必须具备较强的洞见能力，能够预料各种解决方案可能产生的结果。

4. 善于沟通。沟通是解决问题的重要手段。许多问题得不到有效解决的原因是沟通不畅。对审计人员而言，所有问题的最终解决必须由被审计对象执行，也就是说必须取得被审计对象的理解与合作。在合作过程中，沟通是必不可少的环节，只有做到有效沟通，才能有效地解决问题。

6.3 审计人员发现问题的思维能力训练案例

不去改变自己只能白费力气

在一列由北向南的高铁中，一位大型公司的财务总监遇到了一位失意的内部审计师。这位审计师打算前往南方寻找工作。

财务总监问："你这么辛苦，要去南方什么地方？为什么要离开这里呢？"

审计师叹了口气，愤愤不平地说："其实我不想离开这里，我也试着换了几家公司，可是这里多家公司的高管对我不友好，他们不喜欢我的工作方式与为人处世的方法。他们看到我就烦，有些人还在背后对我指指点点，所以我想去南方工作。"

财务总监说："别白费力气了，如果你不改变自己的工作方式与为人处世的方法，到哪里工作都不会受到欢迎的。"

审计思维启示：任何问题的产生总有其相应的原因。只有弄清原因，才能找到解决问题的正确方法。根据问题的表象而采取的行动是盲目的、莽撞的，通常只会事倍功半，甚至是徒劳无功。

错误在你不怨人

德鲁克是现代管理学之父，他为许多大公司做过咨询与演讲。有一天，德鲁克在一家公司调研时与一位年轻的内部审计师聊天。这位年轻的审计师抱怨说，他在这家公司已经工作4年了，但他的工作并未受到审计经理的赏识，觉得审计经理缺乏知人之明，所以，他目前正在寻找其他工作，准备跳槽。

谈话的过程中，有位中年人走到年轻审计师面前，询问公司财务部在哪个房间。

年轻审计师对这位中年人的询问置之不理，继续和德鲁克说话。中年人又问一次："请问财务部怎么走？"年轻审计师这才转身向那位中年人说："这儿不是财务部。你去问前面办公室的工作人员好了，他们会告诉你怎样去财务部。"

在接下来的谈话中，德鲁克坦率地对这位年轻审计师说："你得不到经理的赏识，主要还是你自己的原因。4年多来，你一直处于一个很好的环境中，但你却不知道。你本来可以和你所接触过的大多数人结成好朋友，这些人大多是你们公司内部的人，他们当中很可能会有赏识你的人，但是你对别人太过冷淡，就把好机会一个又一个地放过了。"

审计思维启示：出了问题，不要总是盯着他人，有时也需要从自己身上寻找原因。找不到问题根源的人，容易乱下结论或盲目行动，这是思维不成熟的表现。

细致敏感挖"蛀虫"①

2013年，D油田有限责任公司审计中心审计组对某事业部托幼管理中心（以下简称"托幼中心"）开展了财务收支审计。托幼中心属于D油田有限责任公司下属三级单位，经营收入和员工人数都比较少，但其下设10个总园、69个幼儿园，承担着分布在油田各居民区近8 000名学龄前幼儿保育教育的重要职责，关系到职工的利益。

---

① 丁萍. 严细审计"挖出"会计舞弊案[J]. 中国内部审计，2016（11）：62-64.

此次审计根据公司"双动覆盖"要求（只要有资金流动、有经营活动的地方都要审计）组织开展，由于审前准备充分，审计过程严谨，措施得当，取得了重大审计成果，查出了托幼中心原会计刘某贪污、挪用公款等重大违法违规问题，直接挽回经济损失近 200 万元，并促使该公司出台了完善资金管理的举措，堵塞了相关管理漏洞，提升了公司整体管理水平。

审计过程及方法如下。

1.扎实做好审前准备，明确目标，突出重点。

多角度做好审前调查，初步确定审计思路。 审计组首先调查以往审计线索。审计组通过相关管理部门了解到，由于单位较小，托幼中心近几年没有接受过比较系统的检查，审计组没有取得可以借鉴的相关资料。最后审计组决定从内部控制入手快速了解托幼中心的管理现状，从发现的控制缺陷确定审计重点。

评估被审计单位内部控制现状，找出控制薄弱环节。 审计组通过搜集相关制度资料以及进行内控测试分析发现，托幼中心物资管理、财务管理及食堂管理等方面制度不完善，内部控制存在诸多缺陷。表现在：组织架构设计不合理，机关及下属总园和各基层幼儿园的物资、人力资源及后勤等管理存在一人多岗情况，部分岗位职能划分不清，岗位之间缺少相互牵制措施；现金业务中现金流转频度高、环节多，货币资金及财务核算管理等存在控制漏洞。比如，收缴幼儿学费、伙食费等产生的现金流转额度每年近千万元，现金由机关出纳以及下属各园区近 80 个核算员经办，分别以个人银行卡形式流转，缺少财务部门过程监督，资金管理风险较高；该中心食堂财务账簿以前一直由会计刘某进行手工核算，从 2012 年年初才开始通过计算机财务管理信息系统单机版核算，但审核监督不严，核算管理存在漏洞。

细致剖析，明确审计重点，做到有的放矢。 审计组人员结合调查评估情况进行细致剖析，结果发现，该中心虽然规模不大，但下设总园、幼儿园的管辖区域和业务地点较分散，资金额度大，内部控制却相对较弱。审计组人员初步判断其资金管理风险明显偏高，据此确定以与资金控制风险关联度较高的管理业务为审计重点，详细审查中心机关和各幼儿园的费用报销、收退费过程以及物资供应商结算等资金流转环节；审查物资管理各环节，重点关注玩具和教具等物资采购、库存物品验收保管的合规性以及领用消耗的真实性；审查幼儿园食堂管理情况，关注幼儿伙食安全、食品采购渠道、采购过程管理及食堂核算等方面；审查涉及幼儿人身安全的房屋资产及其他经济业务等情况。

2.发现疑点，一追到底，挖出会计贪污案。

不忽视、不放松，细微之处现疑点。审计人员严谨工作，细心审查，不放过每一个异常点。其中有两项业务引起审计人员注意：一笔报销金额为 1.25 万元的培训费报销凭证，附件金额与入账凭证金额相差 1 万元；两笔相同金额的相似培训费报销凭证，入账时间相隔几个月。

针对上述细小的发现，审计人员立刻询问会计刘某，当时她态度坚决，保证账务没有问题，同时也表现出有些为难的样子，说报销凭证与附件不符的原因是领导交代先做账后补报销票据；对于报销金额相同的两笔凭证，她则表示属于巧合。会计刘某的解释，表面上似乎说得过去，但审计人员凭着高度的职业敏感性，没有轻信其一面之词，随即要求她通知相关报销人提供所用银行卡的账单明细。会计刘某当时没有推托，但之后几天却以家里有事为由没来上班，审计人员立刻感觉到可能存在舞弊问题。

快速理清审计线索，舞弊案件初露端倪。针对发现的舞弊迹象，审计组第一时间将有关情况向公司审计部领导汇报，采取紧急措施开展详细审计。

首先，审计组扩大审计范围，彻查会计刘某近两年经手的培训费和差旅费等报销凭证。通过细致审查这些业务的报销审批手续、报销金额及原始票据等资料，审计组最终发现刘某经手的几十笔大额报销凭证存在诸多疑点。主要是：多笔会计凭证金额与附件不符；有的报销审批单存在涂改痕迹；有的业务存在重复报销嫌疑；甚至有以"调整凭证"名义直接做账，实际用于支付个人账单的凭证。根据查证情况，审计组及时将上述疑点凭证进行归类，将每笔凭证报销金额、差异或疑点金额、实际报销人以及入账的银行卡归属人等信息进行分类汇总，为下一步深入核查提供清晰可靠的审查依据。

其次，审计组进行多方访谈取证，理清审计线索。根据上述分类汇总的疑点清单，审计组兵分几路，逐人逐项进行排查。审计人员访谈该中心原主任时，她不认可会计刘某对于报销中存在问题的解释；访谈疑点凭证所涉及的报销经办人时，发现多数报销所用的银行卡由刘某私自保管，密码由她一人掌握，因报销款以现金方式领取，无须签字，有的经办人甚至不知道自己有这张卡，更不知晓凭证报销金额与票据金额存在差额问题；访谈会计主管和出纳时，了解到会计主管平时忽视凭证审核，对于凭证差异等情况竟然不知情，而年轻的出纳则认为会计刘某平时为人热心，经常帮她办理业务，因而没有认真执行必要的凭证审核职责。

严查细挖，紧盯不放揭真相。经过审计组几天之内大量、细致的访谈和深查细究，审计疑点逐渐理清，真相浮出水面：会计刘某利用本单位培训费、差旅费等资金报销审查不严、领款人无须签字及网银卡管理制度不健全等方面存在的漏洞，在一年多时间里，通过重复做账、虚假调账、涂改报销金额等方式，编造虚假凭证，并将多数款项打入手中私自保管的其他人员银行卡中，套取现金，涉嫌贪污 50 余万元；刘某任该中心食堂会计时，以虚挂备用金的方式挪用幼儿伙食资金 57.8 万元。

监审结合再落实，涉案人员终获刑。针对上述舞弊行为，审计部及时向主管领导上报审计发现的重大疑点情况，并立刻得到严肃查处的重要批示。随后，公司纪委监察部门介入，根据审计组移交的全部疑点凭证和相关查证材料进一步落实工作。在确凿的证据面前，会计刘某承认了其贪污现金 55.72 万元的犯罪事实，并主动归还了贪污的款项，挪用的公款也陆续归还入账，没有造成经济损失。因涉嫌经济犯罪，纪委监察部门根据公司领导要求和有关规定将此案件移交检察院进行处理。刘某因及时退还贪污款，认罪态度较好，最终被法院酌情减判为五年有期徒刑。

3. 延伸审计，全面排查风险点，揭示深层次管理问题。

虽然发现并移送了会计刘某舞弊的案件，但审计组并没有因此沾沾自喜或松懈，而是更加深刻地认识到审计对规范企业管理的重要职责和使命。审计组及时总结分析，进一步明确了全面审计的工作重点和方向。在随后的审计中，审计组不但审查了机关各部室及下属 10 个总园，还抽查了部分属地幼儿园，重点对玩具和教具等物资收发存管理、资金收支环节、食堂核算以及幼儿园房屋资产管理等情况进行详细审查。通过严审细查，审计组发现资金管理、物资管理、费用管理以及食堂管理等方面都存在问题，甚至存在账外坐支大额现金 200 多万元、玩具和教具等物资采购价格偏高近 100 万元，以及个别房屋存在安全隐患等较严重的管理问题。

　　审计思维启示：细心观察和用心思考，是审计人员有效识别问题的两大利器。因此审计人员在观察力和思考力的提升上应坚持不懈。问题，只被识别出来远远不够，还要被解决。因此，审计人员在提升问题识别能力的同时，还要提升问题解决能力。在本案例中，重大舞弊行为的发现主要依靠审计人员的细致、敏感以及职业怀疑态度。对审计发现的细微账务差错，审计人员如果未重视问题线索或者轻信解释，那么就难以发现舞弊问题。

6.4 审计人员分析问题的思维能力训练案例

为何只借而不租 [1]

一天，位于美国华尔街的某银行内，一位提着豪华公文包的老人来到贷款部前，大模大样地坐了下来。

"请问先生，您有什么事情需要我们效劳吗？"贷款部经理一边小心地询问，一边打量着来人的穿着：名贵的西服、高档的皮鞋、昂贵的手表，还有镶着宝石的领带夹。

"我想贷款。"

"完全可以，您想贷多少呢？"

"1 美元。"

"只贷 1 美元？"贷款部的经理很惊愕。

"我只需要 1 美元。可以吗？"

"当然，只要有担保，借多少我们都可以照办。"

"好吧。"老人从豪华公文包里取出一大堆股票、债券等放在桌上："这些做担保可以吗？"

贷款部经理清点了一下，"先生，总共 50 万美元，做担保足够了，不过先生，您真的只贷 1 美元吗？"

---

[1] 郭强.创新能力培训全案［M］.3 版.北京：人民邮电出版社，2014.

"是的。"老人面无表情地说。

"好吧，到那边办手续吧，年利率为 6%，只要您按 6% 的利率付利息，一年后归还，我们就把这些作保的股票和债券还给您。"

"谢谢。"老人办完手续，准备离去。

一直在一边旁观的银行行长怎么也弄不明白，一个拥有 50 万美元的富豪怎么会跑到银行来借 1 美元呢？

他从后面追了上去，有些窘迫地说："对不起，先生，可以问您一个问题吗？"

"你想问什么？"

"我是这家银行的行长，我实在弄不懂，您拥有 50 万美元的家当，为什么只贷 1 美元呢？要是您想贷 40 万美元，我们也会很乐意为您服务的。"

"好吧，既然你如此热情，我不妨把实情告诉你。我到这儿来，是想办一件事情，可是随身携带这些票券很碍事。我问过几家金库，他们保险箱的租金都很昂贵，我知道银行的保安很好，所以就将这些东西以担保的形式寄存在贵行，由你们替我保管，我还有什么不放心呢！况且利息很便宜，存一年才不过 6 美分。"

审计思维启示：人们可以运用创新思维花最少的钱办最有效率的事，通过创新思维找到事物的新用途，就可以找到经济的办法来减少不必要的支出。

任何事物都具有多重性质，审计人员要善于运用创新思维从各个角度、各个方面挖掘事物隐藏着的性质，并为己所用。

购入的原材料为什么长时间无消耗

案例背景

W 集团审计部于 12 月 20 日 -27 日开展对集团公司下属单位 A 公司的财务审计工作。审计人员在 12 月 25 日对原材料进行审计时，取得以下三个证据：

1.A 公司于本年度 2 月份一次性购入 200 吨重要的原材料 S 添加剂，

其单价 1.3 万元，合计 260 万元。

2.S 添加剂在本年度中，只有 3 月份出库过一次，出库量为 10 吨，合计 13 万元。

3. 经盘点，发现库存数与账面数相符。

表面上我们完全可以得出结论：账实相符。

审计疑点

审计人员并没有马上下结论，而是认真审定以上证据，发现 S 添加剂已经有 9 个月无领用及生产动态，这不能不让人疑惑：购入原材料是为生产需要，但为什么这么长时间无动态，难道就没有生产消耗吗？

审计调查

带着疑问，审计人员又继续调查，进一步取得下列证据。

1. 到库房检查，得知库存的 S 添加剂已变质。

2. 询问材料保管员和车间领料员，得知由于进货后就到了雨季，赶上库房漏雨，这批添加剂被雨水淋湿了，车间领用后，无法生产出合格的产品，所以领料员就没有继续领用。

3. 查阅相关利润账，A 公司每个月一直处于微利状态，截至 11 月底仅盈利 45 万元。

初步结论

面对审计人员获得的证据，A 公司财务人员的说法是，公司如在年底将此添加剂报损，必将造成 247 万元的亏损，并导致该企业年度总亏损达 200 多万元。年末集团公司考核 A 公司时，A 公司领导将受重罚，所以财务一直将该批原材料挂在账上，不进行处理，形成潜亏 247 万元。审计人员又通过询问 A 公司管理人员也证实了上述说法。

案件真相

对于上述 A 公司的说法，审计项目主管并没有认同，而是进一步询问财务人员和公司主管人员。

1. 一次性购入 260 万元原材料，相对于一家全年营业利润不到 50 万元的小公司来说，已经属于非常巨大的采购事项了。这么一笔数额巨大的原材料，公司验收入库后为什么不妥善保管，反而出现"库房漏雨"以及"被雨水淋湿"这些现象呢？

2.巨额原材料"被雨水淋湿"后是否启动了问责程序？问责记录在哪里？谁应该对此承担责任呢？问责结果如何？

面对审计项目主管的追问，A公司财务人员和主管人员无法应答。最后的真相是，这是A公司领导一次有预谋的利用购买原材料的方式，套取公司资金进行私分的舞弊行为。购入的原材料除第一次领用的部分材料是合格的，其余的都是废品，然后利用"下雨"，制造"库房漏雨"以及"被雨水淋湿"的假象，完成私分公款行为。

案例启示

本案例中，审计人员没有被表面现象所蒙蔽，而是透过现象看本质，充分运用逻辑思维，抓住蛛丝马迹，最终查明事实真相。

巨额国有资产流失的内幕 [①]

——W市原某省属国有企业审计纪实

根据2012年底W市委市政府的专题会议纪要精神，W市审计局于2013年2月派出审计组对M信托公司及其下属子公司与关联单位进行资产核实审计。审计发现M公司及其关联单位的相关人员存在多项违法违规事实，如涉嫌对外签订虚假合同、内部低价承包投资项目、长期侵占国企资金、挪用公款等，相关人员已被移送至相关部门。有关部门的及时介入挽回了部分损失，W市人民检察院对相关人员进行立案调查，并由此牵扯出2个案件，涉案人员共计16人，涉案金额超4 000万元。

审前调查，锁住重点

审计组通过审前调查以及中介审计报告了解到，M公司在2011年

———

① 温州市审计局网站文章：《揭开国企巨额国有资产流失的内幕——W市原某省属国有企业审计纪实》，作者温州市审计局张晓清、黄碧。

12 月有一笔 5 亿元的巨额投资，并已支付了 3 000 万元作为首期投资款。另外，M 公司关联单位 C 公司在北京、江苏等地有多个投资项目，部分投资项目有冯某某（M 公司法人代表兼总经理）的亲属参与。为此，经审计组讨论，将 M 公司及其关联单位 C 公司的对外投资项目作为本次审计的重点。

初看财务，疑团重重

经了解，国家审计机关多年来一直未对 M 公司进行审计，M 公司将对外投资职能主要委托给 C 公司，于是审计组对 1997 年以后 C 公司的投资行为进行详细审查。审计组发现：C 公司在 2000 年以后分别在江苏省淮安市有三个房产投资项目，在北京市有一个投资项目；其次，M 公司及其关联单位财务管理混乱，账务处理随意，如其投资收益均通过往来账户核算，从账面上无法一眼看出各项投资的真实收益及分红情况；M 公司及其关联单位相当多员工为总经理冯某某的亲属，关联企业间资金往来错综复杂，给审计工作带来了不少困难。经初步梳理，审计人员发现 M 公司及其关联单位的投资行为存在以下几个方面的疑点。

投资项目疑点一：审计人员进点后，按惯例粗略地翻看了 M 公司的财务报表，发现截至 2011 年年底资产金额为 1.09 亿元，而审前调查发现，2011 年 12 月 M 公司对外签订的股权收购合同价款为 5 亿元。对于差距如此悬殊的两个数字，审计人员顿生疑云：M 公司这么大的一笔投资支出靠什么来支付？合同价款是否公允？合同双方是否有关联方关系？一系列的疑问在审计人员的脑海中浮现。

投资项目疑点二：顺着审前调查掌握的资料，审计人员对 M 公司历年的对外投资项目进行审核，仔细查看了"长期股权投资"科目账册资料，发现 C 公司在江苏省淮安市有三个房产投资项目，其中一个地块是 C 公司于 2000 年以 325 万元购得的，而在 2011 年被一个叫冯乙的商人以 325 万元原价收购，随后 C 公司退出该项投资。C 公司不考虑土地增值因素以原始价退出投资的做法，令审计人员深度怀疑国有资产遭受巨额流失，冯乙与 C 公司之间到底存在什么样的关系？

投资项目疑点三：江苏省淮安市的另一个值得怀疑的投资项目是2000年C公司出资465万元建设的五金城瑞祥花苑项目，审计人员发现该项目账册出现"其他应付款——二期贷款"科目，反映C公司在2002年陆续从二期项目购房户处收取的银行按揭款，并在支付了部分税款后向五位自然人付款168万元，五人均向C公司开具了收条，收条内容为"收回五金市场二期投资款"。这五人并非五金城瑞祥花苑投资项目出资方，这个异常做法引起了审计人员的高度警觉。带着疑问，审计人员认为必须要把"二期项目"的情况摸清楚。

投资项目疑点四：C公司于2000年出资300万元与他人共同投资北京某眼镜城项目，占8%股份，2009年C公司以640万元转让该股权份额。按协议约定，该股权转让款由中间人律师蔡某和C公司员工冯丙共同设置银行联名卡并按约定时间汇入公司账户中。审计人员发现，律师蔡某按约定如数将股权转让款汇入公司账户，而冯丙将其中20万元股权转让款直至2012年12月才汇入公司账户，股权转让时间和收取股款时间竟相隔数年，审计人员高度怀疑该笔资金已构成挪用。

深查细挖，层层突破

疑点不代表证据，为了取得证据上的进一步突破，审计组将发现的问题及时向审计局领导进行汇报。局领导高度重视，并指示将疑点查透查深，对于需要赴异地审计的，将不遗余力地支持。这为审计组的下一步工作提供了强有力的支持。针对一个个疑点，审计组层层突破，步步核实。通过约谈、观察、了解、账务分析，M公司及其关联单位相关人员侵吞国有资产的事实开始浮出水面。

投资项目始末一：M公司法定代表人冯某某涉嫌对外签订虚假合同，致3 000万元国有资产流失风险。

C公司财务资料显示，2012年10月，C公司代M公司向北京某公司支付股款3 000万元，支付凭证由冯某某签署，用款事由写明"代付M公司股权收购款"。为了弄清来龙去脉，审计人员在从档案室调取的材料中发现一份股权收购合同书，合同内容为：M公司从北京某公司处购买其持有的营口某开发投资公司 50% 的股权，合同收购价款 5 亿元，一年内付清，违约方需缴纳收购价款 50% 的违约金，即 2.5 亿元。合同的签署时间为 2011 年 12 月，签署人为冯某某。如此大的一笔投资支出，审计过程中未见主管部门的审批资料，也未见集体决策资料，M 公司班子成员中除了总经理冯某某，其他人对此一概不知；另外，M 公司及其关联单位的财务情况显示其根本无以支撑 5 亿元资金的偿付能力。审计组及时将发现的第一手资料上报审计局领导，经集体讨论将案件移送至市检察院查处。在配合检察院办案的过程中，审计人员进一步取得的资料更加印证了该合同的可疑性。市检察院从合同甲方北京某公司处取得了该公司设立营口某投资开发公司的原始投资协议书。审计人员取得该协议书后，仔细研读比对，发现北京某公司实际出资的公司名称为"营口某投资开发公司"，并非冯某某所签合同中的"营口某开发投资公司"。谨慎起见，审计人员在辽宁省工商局网站上查询上述两个公司的信息资料，结果是冯某某所签合同中的"营口某开发投资公司"并不存在，而"营口某投资开发公司"却真实存在。一个为"投资开发公司"，另一个为"开发投资公司"，审计人员想：难道是笔误？还是故意为之？审计人员决定从两份资料中继续寻找蛛丝马迹。果不其然，两份资料对收购标的物出资方的描述也出现了差异，冯某某所签合同中故意将收购标的物的其中一家出资方"营口经济技术开发区"改为"营口经济技术开发区海洋渔业产业化园区开发有限公司"。至此，审计人员基本能断定该合同书是伪造的。审计人员在接下来与检察院工作人员的配合、接触中逐步了解到，据冯某某本人交代，自己在 M 公司任职十多年，辛辛苦苦，为企业立下功劳，并且自己有个欠下巨额赌债的儿子，救子心切，经人介绍找到合同甲方签下虚假合同。至此，真相大白。经过市检察院的全力追查，支付的 3 000 万元股权转让款中已有 2 000 万元被追回。

投资项目始末二：房产投资项目未公开招标，低价内部承包造成巨额损失。

2000 年，C 公司与胡某各出资 325 万元投资江苏省淮安市工具厂地块项目，各持 50% 份额。2008 年 4 月，C 公司将该地块的房产开发项目进行内部承包，与冯乙（冯某某的小儿子）签订一份 3 年期的承包协议，期满收回原始投资额 325 万元及三年固定分红 117 万元。鉴于冯乙身份的特殊性，审计人员觉得其中必有猫儿腻，决定从两个方面展开审计：一是承包过程是否公开，二是承包价格是否公允。如果承包过程公开透明，承包人身份特殊也无可厚非，但是随后审计人员从 C 公司档案室了解到，C 公司并没有相关的公开招投标的资料。审计人员再从周边的员工了解当时是否将承包情况进行内部公示，大部分员工的回答是"好像没有"或"不记得有这回事"等。至此，基本可以断定该承包项目是没有经过公开程序展开的。2011 年冯乙向 C 公司退回 325 万元投资款，该价款为 C 公司 2000 年的购地成本，价格显然是不公允的。审计组及时将情况向纪检部门反映，在配合纪检部门办案的过程中，进一步取得了一些账册外的佐证材料：该项目的另一股东胡某于 2007 年 6 月将其所持份额以 650 万元转让给王某，收益为 325 万元；而相比之下 2008 年 4 月 C 公司将其所持份额进行员工内部承包时，325 万元的原始价格是明显不公允的。基于以上两点，审计人员在综合考虑资金利息及固定分红等因素后，估计以上内部承包至少造成国有资产流失 266.82 万元。

投资项目始末三：个人长期侵占国有资产 26 万元。

C 公司主要负责五金城瑞祥花苑的建设，审计人员在对 C 公司的审计过程中发现，"其他应付款——二期贷款"科目非常可疑：该科目反映的是二期项目与 C 公司之间的资金往来，收入为购房者汇入的银行按揭款，支出为缴纳税款和向五位自然人投资分红，留存资金 12 万元。审计人员发现这五位自然人中有部分人员名字和职工名册上一致，且有冯某某的亲属，于是马上找到其中两位分别进行独立约谈、记录并签名，进一步了解实际情况。原来二期项目是由包括部分员工在内的个人出资的投资项目，由于没有建设资质，挂靠在 C 公司名下，其财务资料、税款缴纳和 C 公司自有项目分开核算。但是，一部分银行按揭款必须通过 C 公司账户结算，这就存在 C 公司与二期项目之间的资金往来。审计人员觉得这样的解释也有道理，但是毕竟二期项目属个人投资项目，且财务资料是游离于公司之外的，是否存在二期项目侵占国企资金的情况呢？于是，审计人员赴淮安市取证，发现五金城瑞祥花苑共由 12 幢楼组成，第 1～11 幢楼（一期项目）由 C 公司出资建设并单独核算，第 12 幢楼（二期项目）由个人出资建设并单独核算。二期项目没有会计，没有账册，只有原始单据，审计人员通过多方打听找到了二期项目财务资料的保管者。审计人员在逐笔翻阅原始单据时意外发现一笔向淮安市人防办支付 26 万元，后又由淮安市人防办退回的人防费，支付与退回单据的金额一致。于是审计人员在回 W 市后再次询问二期项目的投资人，对方在铁的证据面前也承认，当时一期、二期项目共用人防地下室，先由 C 公司出资建成并交付给淮安市人防办，二期项目按规定应分担 26 万元，在交付该笔人防费后，人防办认为一期项目已支付，无须再支付，而二期项目投资人也一直未向 C 公司支付该笔款项。审计组将情况向审计局领导进行汇报，鉴于二期项目在一期项目中还留存部分资金，经集体讨论最后决定对该笔资金下达审计决定书，要求 C 公司的实际控制人 M 公司与二期项目投资人进行结算并负责向其收回余款。

投资项目始末四：公司员工长期挪用公司资金 20 万元。

2009 年 C 公司对北京某眼镜城投资项目进行转让，按约定中介人冯丙应将 20 万元股权转让款如数按时汇入公司账户，但审计发现该笔资金直至 2012 年 12 月才汇入。审计人员随后从银行调取了冯丙的相关账户发现，2010 年冯丙将其中 20 万元转入其个人农行账户用于消费、现金支取等用途。至此，冯丙挪用公款 20 万元时间长达两年多的行为已有充足证据，事实清楚。

审计思维启示：纵观整个案件过程，审计人员发现冯某某等人犯罪手段并不高明，但却屡屡得逞，其背后的主要根源在于上级机关对 M 公司长期缺乏管理导致内部控制缺失、权力失去制约。审计过程中审计人员发现 M 公司及其关联单位居然拿不出一项制度，人权、物权、财权制度无一具备；企业领导的权力长期没有得到有效监督，一人说了算，把国企资产当私人财产进行支配，为自己谋私利，最终走上犯罪之路。

对于本次审计，有以下两点启示。

一是加强协同联动，提高审计成效。本次审计之所以能迅速控制相关人员，挽回部分国有资产损失，与检察机关、纪检监察机关的密切配合不无关系。审计人员对违法违规事实边审边移送，积极配合相关部门发现问题、分析案情，相互提供材料，各自发挥职能优势，变单兵作战为集团联合作战，提高了办案成效和质量。

二是强化方法运用，掌握细节线索。综合运用分析性复核、内查外调、实地查看、观察、询问等传统审计方法，借力计算机技术，利用对比、分析、查验、核对等手段进行多方位查证。着重关注资金去向，尤其当会计核算混乱、凭证资料不齐时，从银行单据入手，掌握每笔可疑资金的来龙去脉，必要时进行延伸审计调查，发现经济犯罪线索。

6.5
审计人员解决问题的思维能力训练案例

寻找解决问题的突破口 ①

　　博物馆被盗了！几件镇馆的宝贝都不翼而飞。警察根据勘查的结果认为，这绝不是一个人干的，而且必定是行家。破坏保安系统、开保险锁、用车子接应等，至少要四五个人才行。但是，他们却没有一丝破案线索。

　　政府开始悬赏，博物馆的馆长也接受了电视台访问。他颤抖着说："13件全都是精品，尤其是那枚翠玉戒指，更是举世无双，爱珠宝的人千万不能收藏，因为它迟早会被发现的！那戒指太好了，所有人都一眼就看得出那是价值连城的宝贝。"

　　电视台采访播出后，没多久就破了案。

　　一群窃贼虽然计划周详，没留下任何线索，却因为内部不合、两派开火而被发现。

　　受伤的窃贼躺在床上吐露了实情："当时由我和另外一个人进去，其他人在外面警戒。我们只偷了 12 幅画，没有拿什么翠玉戒指，可是外面的几个人不信，非要我们把戒指交出来，后来连我朋友都认为我独吞了。"他大声地哭喊着，"我真的没有拿！我没有拿！你们要相信我！"

　　"我相信他！"博物馆馆长在验收 12 幅画之后，笑道："感谢上天，

---

① 刘墉. 博物馆失窃记 [J]. 商业会计，2011（10）.

12 幅画完整无缺地回来了。至于翠玉戒指，唉，我们馆里几时有过翠玉戒指啊！是我一时糊涂，乱说的！"

审计思维启示：问题的堡垒无法从外部攻破时，可以尝试从内部攻破。在财务舞弊审计中，任何舞弊都不可能是天衣无缝的，审计人员只要擦亮双眼，就会看到解决问题的突破口。

换种方式来审问

这是一个很经典的关于审讯技巧的故事。

在第二次世界大战期间的一次战役中，美军击沉了德国的一艘潜艇，捕获了德军军官汉斯·克鲁普中尉。这艘潜艇装备了当时最先进的海战武器——感音鱼雷，而这种武器的制造技术还没有被盟军掌握。

负责审讯汉斯的是美国海军军官泰勒上尉，他得知汉斯是个性格倔强的人，便以交朋友的方式同他接触，这使汉斯对他有了好感。

一天，泰勒请汉斯到他家中下棋，两人谈得非常投机。谈话中，汉斯突然问道："你为什么不审我？"

泰勒笑了起来："你只是一个普通军官，有什么好问的。"

汉斯显然被激怒了："我是一名优秀的潜艇军官。"

泰勒又笑道："你们德国海军，在世界上根本排不上号，还谈什么潜艇！"

汉斯更激动了："你们美国人太狂妄了，别小瞧我们海军，我们不仅有强大的潜艇部队，而且还有比你们先进得多的感音鱼雷。"

"哈哈哈，开什么玩笑，世界上哪有'感音鱼雷'这个东西，你在说些什么，太好笑了。"泰勒笑得前仰后合，语气中满是嘲讽。

坐在他对面的汉斯再也忍不住了，顺手抓过纸笔，画出一张感音鱼雷的图，详细地指明了这种鱼雷的奥秘所在，以证实自己不是在吹牛。

面对倔强的汉斯，泰勒只用几句简单的话语，就让他主动"交代"了鱼雷的奥秘。而泰勒如果采取直接的审讯方式，那么可以想象，他将很难从汉斯口中得到想要的东西。泰勒高超地运用了欲擒故纵的沟通方式，用激将法成功实现了自己的沟通目的。

审计思维启示：审计人员在审计工作中遇到的绝大多数问题都需要通过沟通去解决；同时，许多问题未能得到有效解决的根源，就在于沟通不畅。沟通已成为审计人员有效解决问题的重要手段。审计人员沟通能力的强弱，在很大程度上影响着问题解决的质量，有时甚至决定着问题解决的成败。正因为如此，沟通能力的重要性始终要排在审计人员能力要求的前列。从某种意义上说，缺乏沟通能力，审计人员在解决问题时很可能会寸步难行，从而不可能成为优秀的审计人员。

谁排第一费周折

某培训公司邀请了三位金融界大腕儿进行演讲。这三位大腕儿都向培训公司总经理提出一个同样的要求，即在演讲现场把自己的名字排在前面，否则，他们将拒绝登台演讲。

这个难题令培训公司总经理头痛不已，三位金融大腕儿同台演讲的消息早已传出，总不可能临时改为个人专场演讲。但这三位大腕儿又都是有名的金融专家，将来公司还得仰仗他们，哪个都不能得罪，这该如何是好呢？正在犯难之际，一个业务经理在培训公司总经理耳边悄悄说了几句，总经理立即喜笑颜开。

到演讲那天，三位大腕儿来到演讲大礼堂，只见大门口打出一行欢迎的大字：热烈欢迎金融界最著名的 ××× 登台演讲。三位大腕儿的名字都写在灯笼上，三个名字水平转圈出现，谁都可以说自己的名字排在最前面，于是三位大腕儿高兴地参加了演讲。

审计思维启示：当审计人员碰到难题，如果运用一般的思维不能解决时，改用动态思维试试，或许能够找到特别的解决方法。办法总比困难多，只要有了正确的思维方式，善于创新，转换角度，再难的问题也可能会迎刃而解。

大胆假设，小心求证 ①

针对风险由表内逐渐转向表外的趋势，N 银行内部审计部门审时度势，组织开展表外业务专项审计。作为表外业务的履约担保，保证金具有缓释信用风险和降低资本占用的双重作用，因此，将保证金管理列为审计方案的重点。审计结果显示，部分分行经营存在保证金不足、保证金来源不合规、挪用保证金等严重问题。

审计人员在对某二级分行法人贷款进行整体分析时发现，A 支行信贷结构明显不合理，商贸类贷款占比显著高于其他支行，且商贸类不良贷款余额和占比均高居分行首位。于是，审计人员将 A 支行作为重点机构开展审计。样本初筛过程中，X 公司贷款采用林权抵押引起了审计人员的注意。出于对林权抵押在价值评估、变现能力上的顾虑，审计人员对 X 公司贷款展开详细检查。抽丝剥茧、顺藤摸瓜，反复查证之下，借款企业捏造虚假合同套取贷款、挪用贷款转存保证金、放大融资杠杆、虚开信用证套利等问题逐渐浮出水面。

1. 伪造贸易合同，套取银行贷款。X 公司提供了一份采购合同，供货方为 Y 公司，合同标的物为化肥，数量为 ×× 吨，合同金额为 ×× 万元。根据这份合同，A 支行为 X 公司发放了一笔流动资金贷款，金额为 ×× 万元，期限为 1 年，用途为采购化肥，收款方为 Y 公司。X 公司主营林木种植和销售，但由于经营不善，生产基本停顿，为什么还要采购大量化肥来培植苗木呢？带着这个疑问，审计人员决定从剖析 X 公司和 Y 公司的关联关系入手，鉴别贸易合同的真伪。X 公司在 A 支行开立了代发工资账户，每月 1 日为员工发放工资。审计人员调阅工资账户明细时发现 X 公司每月为员工刘某某发放工资 5 400 元，经核实身份信息，刘某某正是供货方 Y 公司的法人代表。审计人员延伸检查 Y 公司，其名义上经营肥

---

① 赵波 . 偷天换日 贷款资金转存为保证金去伪存真 审计揭露企业套贷伎俩 [J] . 中国内部审计，2019（01）.

料，但现场核实发现，Y 公司实际上是一家空壳公司，既没有生产场所，也未进行生产经营。至此，通过内查外调，X 公司指使员工伪造合同、套取银行贷款的问题完全被查明。

2. 挪用贷款资金，转存为保证金。企业虚构贸易背景的问题暴露以后，审计组立即召开紧急会议，研究部署下一步审计工作。经过分析和讨论，会议决定发扬"踏石有印，抓铁留痕"的精神，对贷款资金的流向一查到底，彻底揭开企业违规使用贷款的神秘面纱。

审计人员综合运用顺查法和逆查法，对贷款资金展开严密追踪。11 月 18 日，A 支行将贷款资金 ×× 万元受托支付给 Y 公司，Y 公司的收款账户是 J 行账户，贷款资金流入 J 行。正当束手无策时，审计人员检查 X 公司的 N 行结算账户，又有重大发现。11 月 19 日，该结算账户有三笔资金流入，交易对象是 Y 公司，三笔资金合计金额正好与贷款金额相同，而此前该账户余额为零。显然，通过关联公司交易，贷款资金回流至 X 公司。审计人员锲而不舍，继续追踪资金走向。11 月 22 日，X 公司在 A 支行申请开立国内信用证，保证金比例为 20%。审计人员检查保证金专户，出现保证金金额与贷款金额相同；接着查阅转账支票，发现支票签名是 X 公司的法人代表郭某某，保证金系由 X 公司结算账户转入。在转账完成以后，结算账户的余额又变为零。

经过以上资金追踪，审计人员做出判断，X 公司将贷款资金 ×× 万元全部转存为国内信用证保证金。

3. 放大融资杠杆，虚开信用证套利。发现 X 公司挪用贷款转存保证金以后，审计组决定对其开立国内信用证的贸易背景实施进一步核查。X 公司与 Z 公司签订了一份购销合同，合同标的物为树苗，合同金额为 ×× 万元，供货方为 Z 公司。调查发现，Z 公司是 A 支行贷款发放前后成立的新公司，工商登记显示其主营林木种苗的销售，法人代表为周某某。这时，审计人员脑海里浮现出一个疑问：X 公司与 Z 公司是否具有某种隐秘的关联关系呢？于是，审计人员对 X 公司的法人代表郭某某的亲属关系展开排查，在个人征信报告中发现，郭某某的妻子是周某某，而周某某正是

Z 公司的法人代表。

A 支行信贷调查和审查流于形式，盲目采信郭某某夫妇炮制的虚假合同，为 X 公司开立国内信用证，开证金额 ×× 万元。保证金比例为20%，且全部来源于 A 支行所放贷款，据此推算，X 公司放大融资杠杆达8 倍。国内信用证开出以后，11 月 29 日，Z 公司凭借虚假的物流单据、增值税发票等资料在 S 银行 B 支行申请议付。S 银行 B 支行根据受益人 Z 公司的要求，向 Z 公司给付了合同对价。审计人员继续深入追查，郭某某是当地某小额贷款公司的股东，私下长期从事民间借贷业务，开证所套资金用于发放高利贷牟取暴利。

S 银行 B 支行给付 Z 公司资金以后，随即向 A 支行提出了委托收款的要求。A 支行发现 X 公司的对公结算账户根本没有余额，多次联系 X 公司要求兑付到期信用证，郭某某及财务负责人却都处于失联状态。A 支行只能按照信用证的约定，垫付资金偿还 S 银行 B 支行。A 支行管理不严终酿苦果，初步估算损失达 ×× 万元。郭 ×× 套贷牟利的行径曝光后，普通客户、投资者以及政府、金融同业、监管部门都对 A 支行的风险管控提出疑虑，给 A 支行造成巨大的声誉损失。

审计思维启示：

1. 识别关联关系是判断贸易背景真伪的关键。

如何判断贸易背景的真伪，一直是困扰银行信贷管理的一个重要问题。银行的传统做法是收集贸易合同及增值税发票，据此证明贸易的真实性。然而，事与愿违，贷款挪用情况依然屡屡发生。究其原因，主要是借款企业如果与关联企业互相订立虚假合同，互相对开增值税发票。这种情况下，银行的传统做法将彻底失效。因此，识别关联关系才是判断贸易背景真伪的关键。在信贷业务操作过程中，银行应当从分析合同的要素入手，抓住各类蛛丝马迹，掌握交易双方潜在的、隐藏的各种关联关系，如亲属、员工、担保等。存在关联关系的主体间订立的合同，可能是企业为了迷惑银行套取贷款而虚构的假合同。银行必须摒弃以往传统做法，从识别关联关系出发，从严审核贸易背景，从而提高识假治假能力，从源头上控制信贷风险，保障信贷资产的质量。

2. 大胆假设、小心求证是突破审计瓶颈的关键。

审计人员在追踪资金的过程中发现，企业贷款回流后不久，即申请开立 20% 保证金的国内信用证。审计对此提出大胆假设——企业挪用贷款资金转存保证金。围绕这个假设，审计人员同时检查结算账户和保证金账户，并展开取证工作。通过查阅账户明细和转账支票，审计人员获得了保证金来自结算账户内贷款的重要证据。在发现保证金来源问题后，审计人员又对开立信用证的目的和动机提出质疑，并做出重要假设——企业虚开国内信用证。通过调查开证的贸易背景，审计人员发现了郭某某夫妇捏造虚假合同的事实。从这些细节可以看到，大胆假设、小心求证是审计成功的关键。如果审计人员思想禁锢，既不敢发挥想象，也不敢主动求证，就会让揭示风险的机会白白溜走。

下 ｜ 篇

内部审计
沟通

第 7 章

内部审计沟通概述

思维世界的发展，在某种意义上说，就是对惊奇
的不断摆脱。

——爱因斯坦

7.1
沟通的基本知识

什么是沟通

沟通是一种信息的交换过程，是人们为了既定的目标，用一定的语言符号，传递信息的过程，如图 7-1 所示。

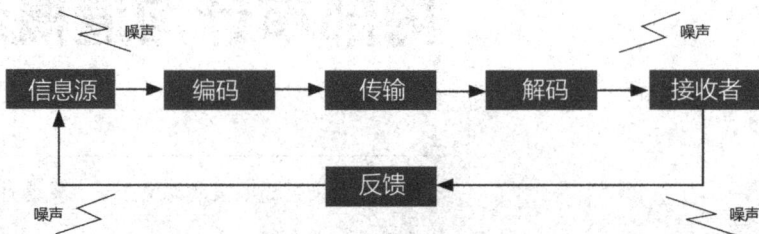

图 7-1　沟通的过程

沟通的信息源来自信息发出者，为了最大限度地使自己发出的信息被目标接收者获取，信息发出者必须选择最佳的沟通渠道。信息发出者在利用各种传输媒介传递信息的过程中，首要任务是对传递的信息进行"编码"——将准备传递的想法、认识以及感觉转化成可以在特定媒介上传输的信息。当接收者收到传递过来的信息后必须先进行"解码"——将信息转换成自己的感受和认识。一般来说，图 7-1 中的"编码"和"解码"过程不可逆，因为个体差异，使得人们对相同的信息会产生不同的认知。

在沟通过程中，还需要对噪声采取合适的消除措施，以免干扰沟通过程和结果。

除了人际沟通，沟通也存在于组织之间。组织之间的沟通可以保证组织内各部门、各成员获得工作所需的各种信息，并增进了解和合作。缺乏必要的沟通，组织内各部门、各成员的工作就会发生紊乱，这样整个组织的运转也会发生故障。所以，管理活动需要通过沟通才能进行。

沟通的障碍

沟通是管理的灵魂，沟通决定管理的效率。然而，沟通障碍无所不在，它可能存在于企业内各部门之间、管理者和下属之间、员工个人之间，也可能存在于企业外部的各个方面。影响人际沟通的主要因素有以下几个方面。

1.来自发出者（或传递者）的障碍，包括 5 类。

（1）信息发出者的传播技术。信息发出者词不达意、口齿不清或者字体模糊等，发出信息的人的语言文字表达能力、思考能力以及手势、表情等的表达优劣程度。

（2）信息发出者的态度，包括自信、尊重对方、竭力使对方对沟通感兴趣等。

（3）信息的来源问题。信息来源主要涉及的问题是信息发出者过滤信息，信息发出者假设接受者不需要理解这些信息，就故意地扣留了一些信息。

（4）信息发出者的知识程度，包括知识的丰富程度、社会经验、人情世故等。

（5）信息发出者的社会地位。社会地位不同的人通常具有不同的意识、价值观念和道德标准。

2.来自接收者的障碍，包括 3 类。

（1）选择性认知。在沟通过程中，信息接收者会根据自己的需要、动机、经验、背景及其他个人特点，有选择性地去看和听信息。另外，在解码的时候，接收者还会把自己的兴趣和期望带入信息之中，形成"我们不是看到事实，而是对我们所看到的东西进行解释并称之为事实"的知识。

（2）信息的过滤。接收者在接收信息时，有时会按照自己的需要对信息加以"过滤"。过滤的主要决定因素是组织结构中的层级数目。组织垂直的层级越多，过滤的机会也就越多。

（3）对信息来源缺乏信任。这是信息接收者对信息发出者缺乏信任的表现，缺乏信任的主要原因是对信息发出者的人品、经验、地位和知识等的不信任，从而影响组织沟通的效果。

3. 沟通双方的差异造成的障碍，包括 4 类。

（1）双方文化和经验的局限。文化背景以及经验的不同对沟通带来的障碍是不言而喻的。如语言的不通带来的困难，社会风俗、规范的差异引起的误解等。当信息发出者把信息转化成可以在特定媒介上传递的形式时，他只是在自己的知识经验范围内进行"编码"；同样，信息接收者也只能在自己的知识经验范围内进行"解码"，理解对方传送来的信息的含义。

（2）个性障碍。这主要指人们不同的个性倾向和个性心理特征所造成的沟通障碍。气质、性格、能力、兴趣等不同，会造成人们对同一信息的不同理解，为沟通带来困难。个性的缺陷，也会对沟通产生不良影响。一个虚伪、卑劣、欺骗成性的人传递的信息，往往难以为人接受。

（3）沟通双方的价值观和信仰等的差异。各人不同的背景、经历形成了人们各不相同的标准、世界观和个人价值取向。对于外界的刺激，每个人都会运用与自己的标准和观念一致的方式来对其进行选择、组织和理解，这可能会导致不同的人对同一件事情的看法有差异，这些差异都可能造成沟通障碍。

（4）社会心理障碍。人们不同的社会心理，也可能造成沟通的障碍。如需要和动机不同，会造成人们对同一信息的不同理解；又如偏见和歧视的态度，也会造成沟通的障碍。

4. 信息传递过程中的障碍，包括两类。

（1）时机不适。信息传播的时机会增加或降低信息沟通的价值，不合时机地发出信息将成为接收者理解信息难以克服的障碍。另外，拖延时间也会使信息过时而无用。

（2）媒介选择不当。如果沟通渠道不对，沟通一定不能完成，因为接收者接收不到信息。解决媒介问题必须熟悉各种媒介在传递信息时的优缺点，选择合适的沟通渠道。

表 7-1 是沟通障碍自检表，供参考。

表 7-1　沟通障碍自检表

检查项目	描述你在沟通中存在的障碍	制订改进计划
心理障碍	缺乏自信	提高自己的知识文化修养
语言障碍	普通话发音不是很标准，表达不是很清楚	提高自己的普通话水平与表达能力
环境障碍	重要场合表达不清、紧张	锻炼自己的胆识与口才
文化障碍	业务领域不懂	加强业务学习
渠道障碍	沟通媒介不当，沟通渠道过长	增设沟通信箱，减少中间环节
社会角色障碍	职业差别、层级差别、立场差别、利益差别等	换位思考
……	……	……

沟通障碍的克服

1. 学会换位思考。

无论何时何地，无论与谁沟通，沟通的一方要站在对方的角度上去了解对方的观点和价值标准，准确地把握对方的想法和思维变化的趋势与结果。猜疑、嫉妒等是影响人际沟通十分重要的因素。

2. 克服消极的心理因素。

不同的人在同样的一个问题上有不同的看法，因此，在沟通时不应该只考虑个人情感，应该互相参考、互相衡量对方的看法，克服障碍、相互沟通，采用看法好的人的方法来工作，这样无论是对个人还是对工作都是有利的。

3.尽量减少信息的失真。

有效沟通强调完全性原则，就是要求沟通过程中把握好以下三个方面：沟通中是否提供全面的必要信息；是否回答询问的全部问题；是否在需要时提供额外的信息。在提供全面的必要信息的同时，沟通者还要分析所提供信息的精确性，如分析数据是否足够、信息解释是否正确、关键因素是什么等问题。

4.坚持采用坦诚的沟通方式。

人际沟通的基础就是诚实守信。沟通的双方在沟通的过程当中都应该以诚相见，抛弃有意的防范和自卫的心理。沟通的双方不能用对方的不足来证实自己的正确，要了解对方、体谅对方、理解对方。只有互相交心沟通才会取得理想的效果，才会最终达到预先制订的目标。

坚持采用坦诚的沟通方式也是杰亨利法则的核心观点。杰亨利法则以发明人杰瑟夫·卢夫特和亨利·英格拉姆的名字命名。它从两个维度划分了促进或阻碍人际沟通的个体倾向性：揭示和反馈。揭示是指个体在沟通中坦率公开自己的情感、经历和信息的程度，反馈是指个体成功地从别人那里了解自己的程度。根据以上两个维度，就可以划出四个"窗口"：开放区、盲目区、隐藏区以及未知区。开放区是指大家都知道的消息；盲目区是指那些别人都清楚但是自己并不清楚的事情，盲目区的存在一般是由于别人没有告诉个体或者个体本身出于某种目的拒绝接收这些消息；隐藏区一般是指个体自己知道，但是别人不知道的事情；未知区是指自己和别人都不知道的事情以及经验等。杰亨利法则对信息的划分如表 7-2 所示。

表 7-2 杰亨利法则对信息的划分

	自己知道	自己不知道
别人知道	开放区	盲目区
别人不知道	隐藏区	未知区

　　根据表 7-2 可知，在沟通过程中，对于开放区和未知区这两个区域所包含的信息，沟通双方要么都知道，要么都不知道，因此这部分信息通常不会得到过多关注，剩下的隐藏区和盲目区才是沟通双方较量的主要场地。一般来说，盲目区的信息受自身外部条件限制，比如获得信息的渠道不畅，以及受内部条件影响，比如学历、经验等，从而导致别人知道而自己不知道的结果。隐藏区的信息是自己知道而别人不知道的，在沟通过程中，人们会有意识地拒绝公开隐藏区的信息。

　　杰亨利法则基于这样的假设：当开放区包含的信息越多时，人们对彼此的了解也就越多，因而能够更准确地获取对方的真实想法，有利于互相理解。因此，该法则倡导人们在沟通中采用坦诚的沟通方式，以促进沟通的良性循环。具体的做法是根据图 7-1 所示的沟通的过程，通过耐心倾听对方的想法并给予对方真实的反馈，将自己的想法传递给对方，并积极接收来自对方的反馈。这样良性循环，可以扩大沟通中的开放区，大家均从中获益。

　　5. 主动倾听。

　　所谓主动倾听，就是指不局限于被动地接收对方传递的信息，了解其言辞中字面的意义，而且要对对方的言外之意保持敏感，注意其表情、手势、眼神等非言语性沟通所显示出的情感，深入并清楚地发掘其真实内心意图；同时要主动反馈与提问，搞清真正问题所在。这意味着要想方设法检验自己所理解的是否是对方的本意。

　　英国管理学专家威尔德认为："有效的沟通始于倾听，终于回答。"心平气和地聆听对方的意见和想法，首先需要尊重并理解对方。善于倾听的人，通常具有敏锐的洞察力，可以通过对他人一言一行细微的观察，快速获取其表达的意图或者隐藏在表象之下的深层意思。回答是沟通的反馈，是沟通得以继续进行的前提，沟通不是单向的，而是双向互动的。沟通的发起者在获得反馈信息后，才能理解对方的需求，并根据自己沟通的目的，适当调整沟通策略及方式，以提高沟通效率，而不是机械地按既定计划和方式继续下去。

6. 能够接受对方与自己不同的观点。

沟通不仅要了解到对方的不同观点，还要听取并吸收其中合理的部分。每个人不同的民族、文化、家庭和社会环境，造就了每个人独有的个性和特点，以及每个人对问题的不同看法。这就决定了人际沟通肯定是有难度的，要求沟通双方求同存异，找到彼此都感兴趣的话题，这样才能够达到沟通的最佳效果。

7. 努力降低沟通的位差效应。

美国加利福尼亚州立大学在对企业内部沟通情况进行大量调查后发现，沟通中存在位差现象——来自上级领导的信息仅有 20% ~ 25% 能够被下级员工知道和理解，自下而上传递的信息只有 10% 左右能够被领导层知晓并理解；而在平级交流过程中，90% 以上的信息能够被互相知道并理解。该现象指出，平级交流之所以可以取得如此高的沟通效率，是因为平级交流中的沟通建立在地位平等的基础上，不存在某一方有巨大的优势或者另一方有明显的自卑感。如何降低位差效应给沟通带来的影响呢？第一，创造良好的沟通氛围，沟通的发起方不要给被沟通一方带来明显的压力，应创造平等交流的条件。第二，注意沟通渠道的多样化，文件、会议等比较正式、严肃的沟通方式有时不利于取得预期的沟通效果，而论坛、即时消息（微信、QQ 等）等方式有助于更顺畅地完成交流。第三，巧用沟通技巧。

8. 努力克服自卑心理。

有的人性格内向，喜欢独来独往；有的人有自卑的心理，不敢与别人交往。对于有自卑感的人存在着一定的恐惧感，不能自如地与别人交往，在人多的场合下不愿意表现自己。克服自卑的关键，就是必须要对别人感兴趣，真正愿意与别人交往，而不应该选择逃避，要勇敢一些；还要积极地参加一些集体活动，以此来增进自己与集体的情感，改善自己的人际关系，改变自己自卑的心理。

案例：杰亨利法则在内部审计中的运用

F集团是一家全国著名的大型民营企业。集团审计部曾荣获"全国内部审计先进集体"称号。集团审计部在内部审计管理上建立了一种"把你的主意大声说出来"的创意机制。该机制的内容是：让所有内部审计人员都知道审计部长的电话，只要员工有了对公司有利的好构想，可以通过打电话或其他渠道让部长知晓。集团审计部每年都会举办两次内部聚会，专门为那些想要为公司的发展贡献意见，平时不容易碰到部长的员工创造毛遂自荐的机会。该聚会为期三天，内部审计部门的每个员工都可以参加。任何员工只要认为自己有好的建议，能给公司带来良好的效益或者发展，都可以申请与审计部高管共进午餐，商讨公司内部审计的未来发展。在这样的激励下，员工的创造性和积极性被极大地调动了，大家的思维异常活跃，想出了许多好点子，提出了许多有益公司内部发展的审计建议。

审计思维启示： 正是F集团审计部这种鼓励员工沟通交流、坦诚地发表意见的举措，使集团审计部为增加与保护企业价值做出了突出贡献，并荣获"全国内部审计先进集体"称号。

案例：换个角度来说服

在战国时期，赵惠文王死了，孝成王年幼，赵国由孝成王的母亲赵太后掌权。秦国乘机攻赵，赵国向齐国求援。齐国说，一定要让长安君到齐国做人质，齐国才能发兵。

长安君是赵太后宠爱的小儿子，太后不让去，大臣们劝谏，赵太后生气了，说："再有劝我让长安君去齐国的，老妇我就要往他脸上吐唾沫！"左师触龙偏在这时候求见赵太后，赵太后怒气冲冲地等着他。

触龙慢慢走到太后面前，说："臣的脚有毛病，不能快跑，请原谅。很久没有来见您，但我常挂念着太后的身体，今天特意来看看您。"

太后说："我也是靠着车子代步的。"触龙说："每天饮食大概没有减少吧？"太后说："用些粥罢了。"这样拉着家常，太后脸色缓和了许多。

触龙说："我的儿子年小才疏，我年老了，很疼爱他，希望能让他当个王官的卫士。我冒死禀告太后。"太后说："可以。多大了？"触龙说："十五岁，希望在我死之前把他托付给您。"太后问："男人也疼爱自己的小儿子吗？"触龙说："比女人还厉害。"太后笑着说："女人才是最厉害的。"

这时，触龙慢慢把话题转向长安君，对太后说："父母疼爱儿子就要替他做长远打算。如果您真正疼爱长安君，就应让他为国建立功勋，否则一旦'山陵崩'（婉言太后逝世），长安君靠什么在赵国立足呢？"太后听了后说："好，长安君就听凭你安排吧。"于是赵国为长安君准备了上百辆车，到齐国做人质。齐国于是派兵救赵。

触龙很懂得使用沟通的方式和方法。他谦和，善解人意，在整个谈话过程中，尽量避免与太后发生正面冲突。他站在太后的角度想问题，让自己的意见变成太后自己的看法。他没有教太后需要做什么，而是帮助太后自己去发现，最终使太后接受了自己的意见。

审计思维启示：人与人的知识结构和经验是不一致的，对待不同的事物，会有不同的认识和看法，因而采取沟通的方式、方法也会有所不同。用别人容易理解和接受的语言和方式进行沟通，有助于达成沟通目标，不能总认为"良药苦口利于病，忠言逆耳利于行"。如果内部审计人员在与被审计单位沟通过程中也可以像触龙一样讲究技巧，这样岂不是更利于工作吗？

7.2 / 内部审计沟通的含义、分类及作用

内部审计沟通的含义

内部审计沟通是指内部审计部门与组织管理层、被审计单位及其人员以及外部机构及其人员就审计工作涉及的审计概况、依据、结论、意见或建议等内容进行讨论和交流的过程。内部审计的主要沟通对象如图7-2所示。

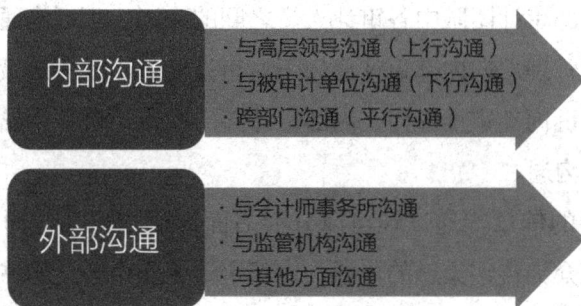

图7-2 内部审计的主要沟通对象

沟通贯穿于内部审计始终，审计人员与有关机构及人员保持良好的关系是审计工作取得成功的关键因素，也是审计职业发展的重要保证。对于审计人员而言，审计沟通也是最为困难的事项之一。审计人员在审计过程

中不可避免需要与形形色色的人打交道。审计过程就是通过不断沟通掌握信息、赢得理解、达成共识的过程。可以毫不夸张地说，缺少沟通交流的"金线"，就难以串起审计成果的"珍珠"。

内部审计沟通的分类

内部审计沟通依据不同的分类标准，有以下几种分类方式。

1. 按沟通场合是否正式可以分为正式沟通和非正式沟通。正式沟通指依据企业规章制度和流程需要进行的沟通，比如召开审计进点会等。非正式沟通是相对正式沟通而言的，其信息传递的时间、地点以及内容的选择弹性较大，比如内部审计人员就审计过程中发现的问题向被审计人员进行询问。

2. 按沟通的流动方向可以分为上行沟通、平行沟通和下行沟通。上行沟通指自下而上的沟通，比如内部审计部门向高层领导沟通，向上级反映情况、问题，提出建议，或请求支援等。平行沟通指在组织内部具有同一行政级别或者地位平等的人员之间的信息交换，比如内部审计部门与财务部门沟通，内部审计团队中各审计人员之间的沟通。下行沟通指自上而下的沟通，比如管理层向内部审计部门下达审计任务，或将政策、目标、制度、方法等告诉内部审计部门，内部审计部门就审计过程中发现的问题与被审计单位的沟通。

3. 按沟通的信息传递途径可以分为书面沟通和口头沟通。书面沟通是指以文字媒介为传递渠道的沟通，内部审计工作中涉及的书面沟通主要包括审计通知书、访谈记录、审计报告等。口头沟通是指以口头语言为传递渠道的沟通，包括询问、会议、电话等，比如内部审计人员与被审计人员约谈相关问题、开审计结果通报会等。书面沟通比较正式，可信度和准确性较高，其形成的资料可以长期保存备查，作为证据的说服力较强；但对文字的依赖性很强，在情况发生变化时适应性较差。口头沟通灵活、简便、快速，对突发情况适应性较强；但其形成的资料准确性较差，保留时间短，容易带有个人主观色彩，作为证据的说服力较弱。

4.按沟通是否存在反馈可以分为单向沟通和双向沟通。单向沟通指没有反馈的信息传递，适合问题简单且时间紧迫，或者对方容易理解、易于执行的情况，比如内部审计人员列出资料清单，让被审计部门提供所需资料。双向沟通指有反馈的信息传递，适合问题较复杂、时间较充足，或者需要与对方讨论，对方能提供有用信息或建议，以及对方对所传递信息的理解程度至关重要等情况。比如在出具审计报告前，内部审计人员与被审计部门负责人交换意见等，属于双向沟通。

5.按沟通的内外部关系可以分为内部沟通和外部沟通。内部沟通包括与董事会的沟通、与高级管理层的沟通、与被审计单位的沟通、内部审计人员之间的沟通等。外部沟通包括与相关的监管部门的沟通、与外部审计的沟通、与律师的沟通等。

测评：请读者通过下列问题对自己的沟通能力进行差距测评。

1.当你犯了错误，需要向领导说清楚时，你会采用怎样的沟通方式？

A.当面沟通　B.电话沟通　C.发电子邮件（或微信等）

2.当下属提出辞职时，你会采用怎样的沟通方式挽留他？

A.直接谈话　B.先电话沟通，再当面沟通　C.发电子邮件（或微信等）

3.错怪了下属，你会采用怎样的方式和下属沟通？

A.打电话表示道歉　B.发电子邮件（或微信等）表示道歉　C.当面沟通表示歉意

4.向上司提出关于公司管理的意见时，你会采用何种方式沟通？

A.书信　B.面谈　C.发电子邮件（或微信等）

5.当你的团队取得良好的业绩时，你会选择何种方式表示祝贺？

A.当面表示祝贺　B.向每个人发电子邮件（或微信等）　C.给每位成员打电话

6.当你和同事发生误会时，你会如何向其解释？

A.当面说清楚　B.电话沟通　C.发电子邮件（或微信等）

7. 当你向经理提出辞职时，你会采用何种沟通方式？

A. 递交正式辞职信　B. 找经理面谈　C. 电话沟通

8. 你要向客户推销产品，如何与其沟通？

A. 电话沟通拜访　B. 电话沟通并发电子邮件（或微信等）　C. 发电子邮件（或微信等）

9. 客户向你抱怨公司的产品时，你如何与其沟通？

A. 电话沟通　B. 通过电子邮件（或微信等）沟通　C. 上门沟通

10. 作为团队领导，你如何同你的团队成员进行有效沟通？

A. 电话并发电子邮件（或微信等）　B. 发电子邮件（或微信等）

C. 当面沟通

说明：

选 A 记 3 分，选 B 记 2 分，选 C 记 1 分。

24 分以上，说明你选择沟通方式的能力很强，请继续保持和提升。

15 ~ 24 分，说明你选择沟通方式的能力一般，请努力提升。

15 分以下，说明你选择沟通方式的能力很差，急需提升。

内部审计沟通的作用

从计划审计工作到出具审计报告，内部审计人员的沟通贯穿于审计工作的始终，存在于审计工作的每一个角落，并显现出巨大作用。正因为如此，《内部审计基本准则》要求：内部审计人员应具有较强的人际交往技能，能恰当地与他人进行有效的沟通。可见，拥有较强的沟通能力对内部审计人员是很必要的。内部审计沟通的作用主要表现在以下几点。

1. 在计划审计工作时，通过与单位高层领导的沟通，能使审计工作取得领导的支持与理解。领导的支持与理解是内部审计取得成功的关键性因素之一。

2. 在制订审计方案时，与被审计单位的初步沟通有利于了解被审计单位的基本信息。内部审计人员可根据审计目标及审计环境，深入分析被审计人员可能的心理活动，初步制订内部审计计划和沟通策略，然后积极与被审计人员沟通；在获得足够的资料信息后，对初期制订的审计计划和策略进行重新评估，以便更好地开展后续工作。

3. 在内部审计实施过程中，良好的沟通有利于获取审计材料和证据，解决审计难题，化解矛盾与冲突。内部审计工作和涉及的人员比较复杂，在审计过程中遇到困难时，内部审计人员需制订灵活的审计策略，充分利用从各种渠道取得的信息，大胆猜想并小心求证，时时刻刻把握好个人感情、公司制度、伦理道德的尺度，灵活选取恰当的沟通方式，积极寻找困难的突破口。

4. 内部审计人员之间的沟通与交流，有利于审计人员之间信息共享，提高审计效率，避免走弯路。

5. 在出具内部审计报告与后续审计阶段，良好的沟通有利于使被审计单位认可审计结论，积极就审计发现的问题进行整改，为后续的复审做好衔接工作；还有利于及时、清晰地向上级领导汇报审计成果，实现内部审计的价值。

总之，从审前、审中到审后阶段，内部审计人员在工作中均需要与被审计单位及其人员不断沟通以获取大量审计信息，然后通过专业的审计判断和筛选，发现关键要素和疑点，并加以求证，达到内部审计保护和增加组织价值的目的。

7.3 内部审计沟通方式的选择与沟通效果

通常，内部审计沟通方式分为口头沟通和书面沟通两种。

口头沟通方式与效果

口头沟通是以口头语言进行信息交流，内部审计人员利用口头语言进行信息交流的方式，包括询问、会谈、调查、讨论、会议、征求意见等。例如：通过询问被审计单位职能部门来了解组织的相关情况；与被审计单位负责人或高层管理者进行会谈，反映工作中发现的问题；对被审计单位人员进行调查取得口头证据；在出具审计报告前征求被审计单位负责人意见；对于对方提出的各种异议，迅速做出反应，给出令人信服的回答等。这种沟通途径灵活方便，简便易行，容易达到沟通的目的。尤其是面对面的口头沟通，沟通双方可以很好地把握对方的立场和态度，有利于充分地协商，加快沟通过程中的各种信息传递和交流。但是这种方式使信息保留的时间较短，信息容易模糊失真，有时还无据可查。

口头沟通时注意以下几个方面的沟通技巧，可能会获得事半功倍的效果。

一是充分准备，明确目的。沟通需要进行的准备工作不仅包括了解被审计单位组织机构、业务环境、运营状况，还包括了解沟通对象的性格特征和行为模式等方面。因此，内部审计人员需要明确沟通目的。第一次沟通的主要目的在于与面谈对象建立关系，在今后的审计过程中通过沟通收集证据，从而较好地完成各项审计任务。

二是获取面谈对象的信任。取得面谈对象的信任，使之愿意提供信息是面谈成功的关键。如果缺乏信任，沟通就会像挤牙膏，双方都会觉得痛苦。另外，内部审计人员如果缺乏耐心，急于得出结果，可能会让面谈对象感到不舒服，反而影响沟通效果。面谈结束后，总结所取得的信息对审计的开展是十分有利的。

三是巧妙设计提问。内部审计人员就提问主题进行充分准备，充分了解被审计单位的业务流程、控制环节等细节，需要准备一个提问提纲以便提高沟通的效能。提问时的措辞是很重要的，要避免指责性或领导性口吻；采用开放性的问题，引出面谈对象的谈话；探询性的提问使面谈对象明白我们做了准备并且乐于倾听；舞弊调查中提出的某些问题会使对方恼火，但有益于得出事实真相。

四是善于倾听，保持耐心。尽管内部审计人员并不需要被当作一个纯粹的倾听者，但倾听是极其重要的。内部审计人员应该多"听"，"说"有时并不是必要的。理想的情况下，谈话应该有 80% 的时间是对方在说。突出倾听，可以创造相互信任的气氛，也可帮助确认了解到的信息。

五是注意闲聊的适当性。闲聊可能是适当的，也可能是不适当的，这取决于沟通者的目的和面谈对象的性格。沟通开始时内部审计人员最好是提非攻击性问题，或者采用尊重的态度，进行非正式的谈话，如谈论昨晚的球赛或者天气。要尽量避免进行私人话题的讨论，特别是第一次与某个人进行沟通时，应紧扣即将涉及的业务。内部审计人员进行沟通时，必须避免与面谈对象建立某种个人关系，以免影响独立性。

六是注意身体语言。研究表明，非语言行为传递的信息对沟通起到较大的作用。因此，沟通时不仅要注意一个人所说的话，还要注意说话的语速、语调和身体语言。沟通者必须注意到自己的身体信号也在向外传递，尽量避免表现惊奇或任何形式的疑问。作为内部审计人员，重要的是通过身体语言表明真诚，表明要提供帮助而不是进行责备。如果能表达出诚实公正的态度，大多数人会愿意合作；如果说话处处伤人，没有人愿意与你交流。

书面沟通方式与效果

书面沟通是利用书面文字来进行信息交流，内部审计人员利用书面语言进行信息交流的方式，包括审计通知书、问卷调查、审计工作底稿、审计报告和管理建议书等。例如：对被审计单位下达审计通知书；对被审计单位提出各种意见和建议书；向组织负责人和高层管理者提交审计报告和管理建议书；如有必要，还可就审计中发现的重要事项向组织负责人、高层管理者和被审计单位提供中期报告，以便采取迅速而有效的行动纠正失误等。书面沟通比较正式，资料可以长期保存，便于反复研究，更为慎重和准确。但是这种方式对客观情况变化的适应性较差，所沟通的信息内容对语言文字的依赖性很强。

案例：卓文君妙笔答夫 ①

西汉时期的著名文人司马相如和才女卓文君曾出现过感情波折、婚姻危机，但是，卓文君采取了适当的书信沟通方式，用一首令人赞叹的诗挽救了他们的婚姻。

据说司马相如在长安（今陕西西安）被封为中郎将后，觉得自己身份不凡，便有了休妻之意，于是把一封书信寄给了卓文君。

卓文君朝思暮想，盼望丈夫的家书，万万没料到盼来的却是写着"一、二、三、四、五、六、七、八、九、十、百、千、万"十三个数字的家书。卓文君看毕，明白了丈夫的意思是对自己已经无意（无亿），十分伤心。卓文君想着自己如此深爱对方，对方竟然忘了昔日感情，于是提笔写道："一别之后，二地相悬，只说是三四月，又谁知是五六年。七弦琴无心弹，八行书无可传，九连环从中断。十里长亭望眼欲穿。百思想，千回念，万般无奈把郎怨。万语千言说不完，百无聊赖十凭栏。重九登高看孤雁，八月中秋月圆人不圆。七月半烧香秉烛问苍天，六月伏天人人摇

---

① 邹晓春 . 沟通能力培训全案［M］. 北京：人民邮电出版社，2008.

扇我心寒，五月石榴如火偏遇阵阵冷雨浇花端，四月枇杷未黄我对镜心意乱。忽匆匆，三月桃花流水转；飘零零，二月风筝线儿断。噫！郎呀郎，巴不得下一世你为女来我作男。"

司马相如拆开信一看，原来是用数字连成的一首诗。司马相如一连看了好几遍。妻子的才思敏捷和对自己的一往情深，都使他受到很大的震撼，他越看越感到惭愧，越觉得对不起对自己一片痴情的妻子，于是回乡，把卓文君接往长安。

审计思维启示：假如卓文君哭哭啼啼地向司马相如直面倾诉，司马相如或许不会因愧疚而回心转意。所以，在沟通的过程中，沟通方式十分重要，只有选择合适的沟通方式，才能进行有效的沟通。

案例：病人面前别摇头 [①]

有个医学院的主任，带着学生到附属医院上临床实习课。主任说："大家进去后，看一看这个患者的症状，仔细想想他患了什么病。知道的就点头，不知道的就摇头。大家不要多说话，免得吓着病人，明白了吗？"众实习生连忙点头，生怕留给主任不良印象而影响实习成绩。

病房中的病人，本来只是轻微的肺积水，躺在床上，看到一大群穿着白大褂的"医生"走了进来，心中不免有几分紧张。实习生甲进病房后，看了病人一会儿，咬着笔杆想了想，无奈地摇了摇头。实习生乙进病房，把病人看来看去，也判断不出该病人是何症状，想到自己可能要重修学分，眼角含着泪水摇了摇头。接下来，轮到实习生丙，看了看病人，只是叹了一口气，一副垂头丧气的样子，摇摇头就走了出去。当实习生丁开始看病人时，只见病人冲下床来，满脸泪水地跪着磕头说："医生啊，请你救救我吧，我还不想死呀！"

审计思维启示：面对不同的情况，应选择不同的沟通方式，选择不恰当的沟通方式，即使出发点是好的，沟通结果也许会适得其反。站在他人的角度考虑问题，才不会让自己的沟通方式伤害到他人。

---

① 邹晓春：沟通能力培训全案［M］.北京：人民邮电出版社，2008.

7.4 内部审计沟通的有效性与及时性

内部审计沟通的有效性

所谓有效沟通，至少包括以下三层含义。

一是有效果沟通，即强调沟通的目标明确性。通过交流，沟通双方就某个问题可以达到共同认识的目的。

二是有效率沟通，即强调沟通的时间概念。沟通的时间要简短，在尽量短的时间内完成沟通的目标。

三是愉悦沟通，即强调人性化作用。沟通要使参与沟通的人员认识到自身的价值。只有心情愉快地沟通才能达到双赢的效果。

那么，如何提高内部审计沟通的有效性呢？一般认为应该从调整心态、提高业务技能、掌握沟通技巧、坚持原则、提高对被审计人员敌对情绪的应对能力上下功夫。

一要调整心态。平和的心态是审计人员与被审计单位沟通交流的首要前提，而沟通交流的前提又是建立在相互尊重、相互信任和相互理解的基础上的，需要平和的心态和高尚的人格素质作为支撑。现实工作中，多数审计人员认为：按照《中华人民共和国审计法》的规定，有权对相关单位进行审计，相关单位必须接受审计等。审计人员有时说话语气和态度过于强硬，有一种高高在上的心态。越是这样，被审计单位逆反心理越强，有可能越不配合工作，造成恶劣的人际关系，审计工作越难开展，结果适得其反。这时候需要审计人员调整心态，搞明白审计与被审计之间的真正关系，不能一味强调审计可以怎么样。审计人员应放下架子，心平气和，坚决克服"警察与犯人"的错误心理，应将被审计单位视为合作伙伴，被审计单位不合作，工作就较难开展，尤其在与被审计单位观点不同时更需要相互尊重、相互信任和相互理解，求同存异，从而达成共识。

二要提高业务技能。复合型知识是审计人员与被审计单位沟通交流的动力源。审计人员如果业务不精通、技术不高明，就很难在查深、查透和查出重大违纪违规事件上有所表现。所以，为了实现有效沟通，审计人员必须有精湛的业务技能和法律法规知识功底作为后盾。审计人员只有通过加强业务知识和审计技能学习，提高自己的理论水平，善于运用审计法律法规和审计手段"说话"，不断增强自己的"善变"能力，才能不"理亏"、不"吃亏"和"对症下药"。

三要掌握沟通技巧。沟通是审计人员与被审计单位求同存异的交往过程。从表面上看，沟通技巧似乎是一种能说会道的能力，其实不然，沟通既是一门科学，又是一门艺术。一个具有良好沟通能力的人，可以将自己所拥有的专业知识及专业能力进行充分的发挥，并能给对方留下深刻印象。因此，要实现与被审计单位的友好沟通，审计人员不仅要注重语言表达、人际交往能力等，还应当深入学习沟通技巧，掌握不同的沟通方式方法，尤其做到讲文明、懂礼貌，讲话要有理、有据、有力、有自信。在与被审计单位人员发生争执时，审计人员要保持镇静，首先倾听对方的意见，努力寻找双方的共同点，以理服人，从而让被审计单位人员口服心服。

四要坚持原则。坚持原则是审计人员与被审计单位沟通交流的工作底线。审计人员只有依法行政、廉洁从审、坚持原则，才能做到防微杜渐，腰板直、说话硬气。俗话讲："吃人家的嘴软，拿人家的手软。"假如自身不廉，借审计之机"吃、拿、卡、要"，那么在沟通过程中就会出现"说话嘴软"的现象，自然无法取得被审计单位的认同、尊重和理解，审计沟通更无从谈起。需要强调的是，沟通交流需建立在遵循审计工作程序、工作制度、行为准则及其他相关规章制度的基础之上，任何沟通交流都不能以牺牲审计原则为代价，否则审计沟通交流毫无意义，也不存在审计的沟通交流。

五要提高对被审计人员敌对情绪的应对能力。敌对情绪是指：被审计人员不配合或不接受审计活动；被审计人员指责审计人员干扰审计领域的工作；被审计人员拒绝对中期审计发现问题进行讨论，反而认为自己行事的方式是更为正确的；被审计单位派遣无关紧要人员参加会议，该人员仅仅是旁听而不发表意见等。遇到上述情况时，可尝试运用以下几种方法。

1. 选择适当的沟通时间，不要在被审计人员发火、疲惫、心烦意乱时与其沟通。

2. 尽力找到与被审计人员可能达成共识的某些问题，达成一致才是坦诚的开始。

3. 邀请被审计人员详细阐述他们的立场，倾听他们的阐述，理解他们的观点，同时要开阔自己的思想。

4. 做出积极的努力，设身处地地为被审计人员着想，真诚地试着去理解他们的想法。

5. 帮助被审计人员纠正错误。当审计人员理解被审计人员的想法，设身处地为他们着想之后，被审计人员会接受审计人员提出的观点，认为与他们的观点能达成一致。

如果上述方法都失败了，被审计单位缺陷严重且风险较大时，审计人员应及时向上级主管部门报告问题，以化解内部审计存在的风险。

内部审计沟通的及时性

为了提高审计效率，审计人员应及时、有效地与被审计单位沟通，认真听取和研究被审计单位意见，做到既敢于坚持原则，又平等待人、以理服人，减少对审计的抵触情绪。主要做法如下。

一是审计进点时，做好说明解释工作，宣传审计的目的和意义。召开被审计单位相关领导、业务部门负责人和职工代表参加的进点会，说明审计的目的、范围、内容与重点以及工作要求；宣布审计工作纪律，公布审计部门工作的办公地址和举报电话；与被审计单位签订双向承诺书，在被审计单位公示栏或网站上张贴书面公示，便于被审计单位群众反映情况，了解并支持审计工作。

二是在审计过程中，做好具体事务的衔接工作。要求被审计单位指定一名职务较高的人员作为联络人员。审计组需要了解情况时，直接请联络员帮助联系。对审计中发现的问题及看法，定期沟通，减少误会。同时，严格遵守纪律，不提审计工作之外的其他要求。沟通时，要求言行恰当，不讲粗话、大话、过头话，不讲伤害他人感情的话；举止文明，耐心听取解释，克服简单粗暴的工作方法、盛气凌人的工作态度。

三是在与被审计单位交换审计报告初稿意见时，耐心听取被审计单位的不同意见，改变照搬照套法规的做法。坚持实事求是原则，辩证、客观地分析审计情况和问题，采取灵活方式处理，对合理不合法或合法不合理等问题，不死抠条款。对缺点的说明不应言过其实，吹毛求疵的审计发现不应出现在正式的报告中。对被审计单位所取得的显著成就应在报告中加以肯定。

四是审计结束后，在被审计单位一定范围内公开审计结果。内部审计部门在现场审计结束后组织召开审计通报会，要求被审计单位领导层、涉及的部门负责人等参加会议。要求被审计单位在通报审计结果后 10 日内反馈意见。通过召开通报会，化解工作中的一些矛盾，强化被审计单位的财经法纪意识，促进问题的整改。

五是审计回访和后续审计。在下达审计意见书或管理建议书后，审计人员到被审计单位开展审计回访和后续审计，落实审计意见、建议的采纳和整改情况，以达到预定的审计效果。

总而言之，在内部审计工作中，沟通交流是贯穿于整个审计过程中一项不可忽视的工作。从审前调查到出具审计报告、审计回访的各个工作阶段都离不开与被审计单位的沟通交流。只有切实加强与被审计单位的有效交流，树立良好的沟通理念，求同存异，才能取得被审计单位的理解和支持，保证审计工作有序进行、审计结果的客观公正和审计意见的切实执行，从而顺利完成审计工作任务及达到内部审计工作的目标。

案例：选择石头还是选择砖 ①

传说老子骑青牛过函谷关时，遇到一位年逾百岁、鹤发童颜的老翁。

老翁对老子略略施了个礼，得意地说："听说先生博学多才，老朽愿向您讨教个问题。我今年已经 106 岁了，说实在话，我从年少时直到现在，一直是游手好闲地轻松度日。与我同龄的人都纷纷作古，他们开垦百亩沃田却没有一席之地，修了万里长城而未享辚辚华盖，建了房舍屋宇却落身于荒野郊外的孤坟。而我呢，虽一生不稼不穑，却还吃着五谷；虽没置过片砖只瓦，却仍然居住在能避风挡雨的房舍中。先生，是不是我现在可以嘲笑他们忙忙碌碌劳作一生，只是给自己换来一个早逝呢？"

老子听了没有立即作答，只是微微一笑，找来了一块砖头和一块石头。老子将砖头和石头放在老翁面前说："如果只能选择其一，您是要砖头还是愿取石头？"

老翁得意地将砖头取来放在自己的面前说："我当然择取砖头。"

老子抚须笑着问老翁："为什么呢？"

老翁指着石头说："这石头没棱没角，取它何用？而砖头却用得着呢。"

老子又招呼围观的众人问："大家要石头还是要砖头？"众人纷纷说要砖而不取石。

老子又回过头来问老翁："是石头寿命长呢，还是砖头寿命长？"

老翁说："当然是石头了。"

老子释然而笑说："石头寿命长人们却不选择它，砖头寿命短人们却选择它，原因就在于它们是否有用，天地万物莫不如此。寿虽短，于人于天

---

① 张俊娟. 问题解决能力培训全案［M］. 北京：人民邮电出版社，2011.

有益，天人皆择之，皆念之，短亦不短；寿虽长，于人于天无用，天人皆
摒弃，倏忽忘之，长亦是短啊。"

老翁顿时大惭。

审计思维启示： 善于分析问题者，能有效利用身边的资源将问题阐述
清楚，就是一块砖、一块石头也可以拿来即用。审计人员分析问题，需要
具有较强的发散思维能力，能够言彼及此。

案例：含蓄得体，指正错误可以不伤人 ①

苏东坡天资聪明，年轻时读过很多书，书上的字几乎没有他不认识
的，再加上文章写得好，因此受到了人们的尊敬和赞扬。在一片称赞声
中，苏东坡开始有点飘飘然了。有一天，他在自己书房门前题了一副对
联：读尽人间书，识遍天下字。对联贴出后，有的人捧场，有的人喝
彩，但更多的人觉得他口出狂言，太不谦虚了。因此，他的形象降低了
许多。

有一位长者专程来到苏家，向苏东坡"求教"。他拿出一本书，请苏
东坡认一认书上的字。苏东坡看了半天，一个字也不认识，羞得面红耳
赤，连连向长者道歉。长者也没有说什么，就笑着走开了。苏东坡这才感
觉到自己门前的对联名不副实，于是立刻在对联下方各加了一字，对联变
成：读尽人间书好，识遍天下字难。这件事深深地教育了苏东坡，从此以
后他再也不敢骄傲自满了。

在故事中，长者对苏东坡并没有进行直接批评，而是采用了巧妙的
暗示，使他意识到了自己的错误，让他产生了内疚的心理，进而改正了
错误。

一位百货公司的总经理，为了检查员工的工作，经常会去卖场视察。
这一天，他又来到卖场巡视，突然发现有名顾客正在柜台前等待，却没有

---

① 张俊娟 . 问题解决能力培训全案［M］. 北京：人民邮电出版社，2011.

一名售货员过去服务。而那些售货员都躲在离柜台很远的地方，三个一堆，五个一群，彼此有说有笑的。

这位总经理本想训斥一下这些员工，可是转念一想，在大卖场里训斥员工影响不好，于是他走到柜台前为那名顾客服务。等到那些售货员看到总经理的时候，一个个都面带愧意，不知所措。服务完之后，总经理并没有说什么，而是意味深长地看了他们一眼，就转身离开了。

审计思维启示："人之患，在好为人师。"每个人都能从纠正别人的错误中获得乐趣，此人之常情。但是被人指出错误，大概没有人会觉得是一件值得高兴的事情。审计人员所从事的工作，恰巧就是查错纠弊。查证错误是为了能让对方改正错误，而不是发泄自己心中的怒气。所以，当审计人员发现别人犯了错误时，如果能够采用暗示的办法，让对方意识到自己的错误，激起对方的内疚心理，那么效果往往会更好。让别人改正错误的最佳方式，不是直接指出其错误，而是让其自己认识到自己的错误。

第 8 章

有效的内部沟通

伟人不只在事业上惊天动地，他时常不声不响地深思熟虑。

——克雷洛夫

8.1
内部审计的上行沟通

内部审计的上行沟通是内部审计与内部的治理层和管理层的沟通。治理层包括内部审计所在机构的股东会、董事会、监事会以及董事会和监事会的各种委员会，管理层包括公司总经理、副总经理、财务总监、风险总监、信息总监等。

案例：小刘为什么升得比小李快

小李在审计部已工作两年多，参与了审计部许多重要项目的策划和实施，具备了一定的审计工作经验，是审计部的重点培养对象之一。审计一部经理即将调任审计部副部长，小李认为凭借资历和能力，自己很有可能是审计一部经理的最佳候选人。

但是，最近小李发现了一个竞争对手——来公司不到一年的小刘。当然，小刘仅凭学历和经验还不足以成为小李的竞争对手。可是接下来发生的几件事都让小李对小刘不得不刮目相看。

一次，两人同去下属单位开展经济责任审计，回来后已是中午，小李径直走进公司食堂吃午饭。当她回到办公室的时候，部长笑眯眯地走进来说："你们工作做得不错，很有成效。"原来，小刘已经把项目开展情况在第一时间向部长较为详细地汇报了。

另一次，小李和小刘在办公室里就存货盘点方案进行了深入讨论，许多想法都是小李第一次提出来的，当时小刘听了拍手叫好，称赞了她一番。第二天，部长把小李叫到办公室说："昨天小刘说了许多新的想法，我觉得很不错。"小李的眼睛越瞪越大，因为部长说的"新想法"大都是自己的设想，只不过小刘在此基础上完善了一下而已。部长大概看出了小李的心思，笑着说："小刘说了，其中许多想法都是你提出的，但她能够把这些想法进行整合，并加入自己的构思进行细化，很有想法，也很有创意。对于工作经验不算丰富的女孩子来说，能做到这一点很不容易。这样吧，这个项目原来是我负责，现在就由她来主办，希望你能好好配合她完成这个项目。"小李再也说不出什么抱怨的话了。

从那以后，小李留意观察小刘的工作风格，发现她最大的优点就是勤于与上级沟通，无论大事小事、工作的进展和困扰，或者偶然产生的灵感，她都能在适当的时间跟领导进行充分沟通。半年后，审计部任命小刘担任审计一部经理。

所以，下属与领导如何沟通是一门艺术，要讲究方法和运用技巧，以保持良好的上下级关系，避免因沟通不当而增加上下级间的误会，甚至引来工作上的麻烦。

上行沟通的内容

内部审计与治理层和管理层沟通的主要内容包括以下几个方面。

1. 与董事会沟通内部审计章程，明确内部审计目标和范围；内部审计地位、权限和职责；内部审计部门的报告路径以及与董事会的沟通机制；总审计师的责任和义务；内部审计与风险管理、内部控制的关系；内部审计活动外包的标准和原则；内部审计与外部审计的关系；对重点业务条线及风险领域的审计频率及后续整改要求；内部审计人员职业准入与退出标准、后续教育制度和人员交流机制。

2. 与董事会沟通中长期审计计划，规划内部审计的发展战略、风险控制模式、审计的覆盖率、审计的资源配置、审计的中长期目标等。

3.与董事会沟通年度审计计划，根据董事会年度工作目标，结合董事会对内部审计的指导工作意见，充分了解业务部门的审计需求后，综合考虑各业务条线及业务重要性，拟订年度审计工作计划与董事会以及审计委员进行讨论。

4.向公司治理层报告内部审计工作计划。

5.与董事会沟通审计资源配置。根据业务规模和复杂程度配备充足、稳定的内部审计人员；提供充足的经费并列入财务预算；为独立、客观开展内部审计工作提供必要保障；对内部审计工作的独立性和有效性进行考核，并对内部审计质量进行评价。

6.与监事会沟通审计监督计划，汇报审计部门对审计工作的计划和方案，使监事会了解审计项目开展情况。

7.与管理层沟通审计事项开展情况，报告审计中重大发现，把内部控制存在的缺陷向管理层进行报告，并提请管理层完善内部控制制度和流程。

上行沟通的主要障碍

1.高层领导对内部审计的认识偏差。

部分高层领导视内部审计为与纪检监察相类似的监督机构，忽略了内部审计的增值以及改善组织运营的职能。此外，少数高层领导由于对组织事务存在掌控偏好，很有可能会认为内部审计机构对自己指手画脚，从而从心理上很难接受内部审计机构提出的建议。

2.内部审计机构设立的非内在因素制约。

在我国，企业设立内部审计机构很大程度上是因为相关政策的硬性规定，而非企业的内生需要，审计机构给高层领导留下深刻的监督者印象，妨碍了内部审计人员与高层领导的沟通。

3.内部审计业务内容带来的障碍。

根据国家相关规定，国有企业必须开展对领导干部的经济责任审计，高层领导在任期和离任时均要接受内部审计监督。内部审计机构可以随时将他们认为和高层领导的不当管理行为报告给董事会或审计委员会，这在很大程度上增加了内部审计人员与高层领导沟通的困难。

克服所有这些障碍，需要审计人员加强与高层领导的有效沟通。总之，与高层领导进行沟通是一门学问，更是一门艺术，需要遵循一些原则，需要运用沟通技巧。

上行沟通的原则

1. 提前沟通。对需要向公司治理层以及管理层沟通的事项，需要提前提交给公司治理层以及管理层，让他们能够提前了解需要沟通的内容，提前做好准备。提前将需要沟通的内容的佐证材料和相关说明准备好，资料越详细越好，并作为附件提交，让公司治理层及管理层能够了解需沟通要问题的背景。

2. 尊重审慎。与公司治理层以及管理层沟通事项要本着尊重审慎的原则，沟通事项讲透彻就可以，请公司治理层以及管理层根据情况来进行决策和判断。因为高层领导一般掌握的资料比审计人员多，考虑问题比审计人员全面，审计人员不能将自己的想法强加给高层领导。

3. 多次沟通。与公司治理层以及管理层的沟通，要掌握沟通的频率，经常及时沟通有利于与公司治理层以及管理层建立信任，更多的沟通有利于观点的表达。一次沟通可以不用长篇大论，将一个重大的问题进行分解，每一次沟通一个小问题，容易取得沟通成效。

4. 材料简洁。高层领导时间有限，审计人员在向领导汇报时，最好有书面材料，这样领导一边听汇报，一边看书面材料，更能理解审计人员所要表达的观点，也使领导能够抓住重点，记住重点。所以，审计的汇报材料不能太长，现在推行审计摘要，利用一两页纸将主要内容写出来，内容精练，重点明确。

5. 提前预约。与高层领导沟通一般需要提前预约，这样不仅尊重领导，更能引起领导重视，更能让领导合理安排时间，可以完整地听审计人员的工作汇报，沟通时间有保障。

案例：借力审计委员会，推动审计工作有效开展

健全的公司治理结构中都会有董事会下设的审计委员会，它负责对内外部审计的监督，听取内部审计工作计划和审计工作措施安排，监督内部控制有效实施，审查关联交易、财务信息及披露等，是一支非常重要的治理力量。审计委员会日常的办事机构是审计部，审计部负责向审计委员会报告工作。东城集团审计部充分认识到审计委员会的治理作用，借力审计委员会，探索出一套行之有效的使审计工作有效开展的机制和方法。

东城集团是一家大型多产业集团公司，旗下有教育、地产、商贸、金融投资等多个产业，公司机构遍布全国 20 多个省份。集团审计部为了加强审计监督，实施垂直化管理，在全国设立 6 个审计分中心。每一个审计分中心负责本片区内审计工作，作为集团审计部派出机构，负责向集团审计部报告片区内审计开展情况。审计分中心除了根据审计部总体部署开展审计工作外，每年可以根据片区管理需要，安排机动审计项目。除了 6 个审计分中心外，集团审计部对金融投资业务专门设立金融审计中心，负责对集团金融投资业务进行专项审计。

___

知识链接：董事会下设审计委员会人员组成及职责

审计委员会成员由三至七名董事组成，独立董事占多数，委员中至少有一名独立董事为专业会计人士。审计委员会的主要职责：

1. 监督及评估外部审计工作，提议聘请或更换外部审计机构；
2. 对公司聘请的审计机构的独立性予以审查，并就其独立性发表意见；
3. 监督及评估内部审计工作，负责内部审计与外部审计的协调；
4. 指导、监督及评估公司的内部审计制度的建立和实施；
5. 至少每季度召开一次会议，审议内部审计部门提交的工作计划或

报告；

6. 至少每季度向董事会报告一次，内容包括内部审计工作进度、质量以及发现的重大问题等；

7. 负责内部审计与外部审计之间的沟通；

8. 审核公司的财务信息及其披露；

9. 审查公司内部控制制度，对重大关联交易进行审计；

10. 监督内部控制的有效实施和内部控制自我评价情况，协调内部控制审计及其他相关事宜；

11. 负责法律法规、公司章程和公司董事会授权的其他事宜。

东城集团所涉及的行业、产业比较多，所需要制订的制度和规范也比较多，若相关制度和规范的修订工作都由审计部自己来做，受审计人员能力、视野和资源的限制，费事费力，效果也不好。因此审计部向审计委员会申请，请审计委员会聘请外部审计协助内部审计做好《内部审计章程》《内部审计工作手册》《内部审计现场与非现场工作流程》《教育行业专项审计的制度规范》《地产行业专项审计的制度规范》《商贸行业专项审计的制度规范》《金融投资行业专项审计的制度规范》《审计人员的职业操守》等一系列制度和规范的完善和修订工作。在审计委员会的指导下，内部审计与外部审计协同，拿出了涉及 40 项制度和 100 多个操作流程的完善和修订制度及规范的方案，经过审计委员会专家的评审，通过了相关的制度和流程，为集团审计工作高效开展打下基础。

集团审计部在完善和修订审计制度和流程的基础上，着手制订内部审计的中长期计划。集团审计部向审计委员会主要成员汇报审计中长期规划的安排，然后审计委员会征求各位董事、高级管理层、监事会对未来 3 ~ 5 年内部审计工作的要求，明确集团可能存在的重要风险以及影响集团公司运营的瓶颈，并对未来审计项目提出建议。集团审计部负责向集团分公司、集团中层就中长期审计计划征求意见，并根据审计委员会在征求董事会、监事会、高级管理层意见后给出的未来 3 ~ 5 年审计工作指导意见，制订集团公司中长期审计规划，向董事会、监事会、高级管理层征求意见，讨论修改完善后，经过审计委员会审议后发布执行。

案例：勤于沟通汇报，赢得管理层支持

在大运集团的二楼会议室，公司总裁、副总裁、财务总监等高级管理层成员正在聚精会神地听审计部季度审计情况的汇报。审计部总经理说："本季度审计发现重大问题有以下几项。一是在业务营销方面，力度不足，营销人员绩效普遍下滑，应收账款大幅度增加。二是内部控制制度执行力欠缺，未按制度流程对生产产品质量进行审核，造成部分产品存在质量隐患。三是公司科技设备老化严重，造成重要数据资料丢失。"公司总裁不时在笔记本记录审计部总经理汇报的重点，回头和旁边的副总裁低声交流几句。

审计部总经理刚把本季度存在的问题说完，财务总监就插话："你快说一下，下一步整改的措施和建议，怎么样才能改变目前的状况，如何能够保证全年销售任务的完成？"审计部总经理微微向财务总监点了一下头，胸有成竹地说："审计部与销售部、质量监督部、信息科技部已经会商过三次，我们也请了同行业相关领域的专家讨论，大家一致认为可采取以下措施：①在销售方面，加大绩效考核力度，充分调动营销人员的积极性，在巩固目前市场的同时，积极开拓海外市场，利用电商平台，将我们生产的产品销售到国外。另外，要加大应收账款的催收力度，提高信用期提前还款的优惠力度，并且如果回款快，将给予复购商品的客户千分之一的折扣。②在生产质量方面，经过分析和调阅监控录像，发现是工作人员操作失误造成的隐患。质量监督部已经召开质量动员会，加强了员工培训，并且引进了自动化工作设备，让自动化控制代替人工控制，这样就会减少质量事故的出现。同时，提请高级管理层研究设置质量控制优秀奖，对全月无事故的员工给予奖励，激励员工重视生产质量。③对于设备老化造成数据丢失的问题，需要引起高级管理层高度重视。审计部建议这个季度组织

全公司技术人员对公司所有科技设备进行排查，及时发现风险隐患，减少风险损失。"

高级管理层听到审计部的汇报，认为审计部分析比较到位，对于问题和整改措施和方案提前已经与相关部门进行了充分的沟通，并且也请相关领域专家给予了评估指导，可行性比较强。高级管理层要求高级管理层办公室形成会议纪要，审计部督促销售部、质量监督部、信息科技部认真落实，并且跟踪落实情况，及时向高级管理层汇报；对于出现的新问题，要及时反馈，必要时，由高级管理层组织专题会议进行落实。高级管理层同意审计部提出的管理建议，并将管理建议以总裁办的名义发送全公司执行。

审计部又把上一个季度审计发现问题的整改情况、各部门采取的措施以及存在的问题，向高级管理层进行了汇报，将发送的管理建议执行情况进行了书面反馈。

在日常工作中，审计部会及时将审计工作计划和审计工作安排以电子文档的形式，向总裁、副总裁、财务总监等高级管理层成员进行报告，听取高级管理层的意见和建议，组织开展审计项目；并将审计发现的问题以快报的形式报送给相关业务主管，让各位业务主管及时了解业务审计的情况、发现的问题、沟通的情况和可能采取的措施。对于重大问题，审计部总经理会及时向相关领导进行面对面的审计问题汇报，听取相关领导的指示，落实相关领导的意见。审计部也会将审计工作中了解到的信息和业务工作资料进行汇总整理，以内部参考信息的名义，提交给高级管理层参考。

在审计工作中遇到阻力和出现困难时，审计部也会请求高级管理层的帮助，组织有高级管理层参加的审计交流会或者协调会，利用高级管理层的资源来解决问题，取得高级管理层的支持，更好地完成审计工作。

8.2

内部审计的平行沟通

内部审计的平行沟通，又称跨部门沟通，是指内部审计与内部审计所在机构同级部门和人员的沟通，沟通对象包括业务部门、风险部门、人力资源部门、合规部门、质量控制部门等。

案例：审计组长该怎么办

A公司制度规定，每季度末内部审计部门需要协同财务、车间、仓储、质检等部门对企业的存货进行一次盘点。到了6月30日，审计部照例安排盘点，情况却十分混乱：为了赶订单，大量物料仍然在车间工作台上，生产没有停下来，该入库的物料没有入库；质检部认为不少存货质量有问题，但是生产部门认为没有问题，双方还处在争议中；仓库的待装运成品一直摆放到货架上，且没有分类摆放，出入库单据填写也不及时；财务部门本应派人到场参与盘点，但因为月底财务工作实在太忙，账都没法了结，所以没有人过来。

案例思考： 面对这种情况，审计组长很生气，各部门都不按照制度做。审计组长该怎么办？

平行沟通的需求

平行沟通以互通有无、争取配合为主要目的，并且在组织内部进行，不同于公关、不同于谈判。跨部门沟通应该直截了当，简明扼要。

一般来说，如果同级的双方在工作中感到对方对正在进行的工作重视不够，或是对方对上级的安排理解不透，妨碍了工作顺利进行，那么就需要进行平行沟通。如果认为需要和对方进行沟通以解决问题，首先应该选择互相沟通，以求得问题的迅速圆满解决；沟通失败，才考虑报告上级。因此，沟通一定要着眼于工作。

平行沟通的障碍及原因

平行沟通涉及不同部门，职责划分不明确、本位主义以及双方信息不对称等原因，往往会导致沟通障碍的产生，难以实现沟通目的。

一、平行沟通的障碍的类型

总体来说，平行沟通的障碍主要有以下三种类型。

1. 意见分歧型。

意见分歧在企业中是很常见的，部门之间考虑问题的出发点不同，对工作内容和方法的意见也就不完全一致。比如，销售部门为完成任务希望投入更多的经费进行市场推广；财务部门可能从成本控制的角度出发限制这种业务拓展活动；而设计部门通常有一种"技术情结"，倾向于在产品设计中采用最先进的技术，往往使新产品过于复杂；等等。

2. 问题回避型。

问题回避型障碍指部门之间某些工作环节出现问题以后，双方出于某种考虑，如不愿意多承担责任、不愿意部门的利益受影响等，彼此都装作没看见。这种装糊涂的结果是工作被耽误，公司整体运作效率低下。

3. 矛盾冲突型。

矛盾冲突型障碍是跨部门沟通障碍中比较严重的一种情况，往往由于跨部门沟通中小的分歧或摩擦没有及时解决，日积月累到一定程度而形成。

二、平行沟通障碍的原因分析

产生平行沟通障碍主要有三个方面的原因。

1. 组织层面的原因。

（1）专业化分工带来部门目标差异。大多数企业的经营管理模式源于亚当·斯密的"劳动分工原理"和泰勒的"科学管理理论"，即强调专业化的分工，将企业的经营活动过程分解为最简单、最基本的工序。专业化的分工带来企业内部门的划分，一项经营活动要经过若干个部门、环节的处理，各个部门按照专业职能划分，企业虽然有整体经营目标，但具体到每一个部门的目标是不同的。例如，某公司研发部的主要任务是尽快推出满足市场需求的新产品；而考核采购部的关键业绩指标之一是采购价格，采购部门的负责人为了满足要求获得奖金，不愿意迅速采购新产品所需要的关键零部件，因为这些关键零部件的供应商当前不能提供优惠的价格。如此一来，就会影响研发部门的进度和整个公司的新产品推广。

（2）职能和权责划分不明确。各种原因造成的组织分工不明确，部门之间权利、利益以及工作职责不清也是导致部门间沟通存在障碍的主要原因之一。当组织机构发生变化或企业内引入新的工作流程或工作内容时，很容易出现部门间职责划分不明确的情况。此时新的体系刚刚建立，员工对新的工作模式还不熟悉而对旧的工作模式记忆犹新，虽然可以"人人有事做"，但似乎不能"事事有人做"，部门之间存在职责上的重叠或缺漏、责任不清是常见的事。

（3）沟通双方信息不对称。沟通是信息交流的过程，如果沟通渠道不畅，沟通双方掌握的信息不对称（掌握的信息内容不同、程度不同及对信息的理解不同等），就会产生跨部门沟通问题。比如某企业在制订生产计划时，计划部门与供销部门的意见不一致，原因在于计划部门的数据来源于上级的规划，而销售部门的数据来源于市场需求，由于掌握的信息不一致，分歧在所难免。

2. 意识层面的原因。

（1）本位主义思想。企业内的部门划分使具有相同技能和知识背景的人集中在同一部门中从事同种类型的工作，每个部门内部职工处于相对封闭的环境，很自然地在考虑各种问题时会偏向于本部门。这样做的结果是各部门只关心本部门的工作，重本职而忽视全局，执行任务时，都从本部门的实际利益出发，强化了竞争而削弱了合作。这就不可避免地产生本位主义思想和相互推诿现象，无疑增加了部门间沟通协作的管理成本。

（2）价值观的因素。由于人的经历不同、知识体系不同、所处的环境不同、认知能力不同、角色地位不同，人们对外界事物的是非、好坏、善恶、美丑和重要性的评价标准也就不同，也就是价值观上的分歧，往往容易造成部门间沟通的障碍。比如，很多公司市场部和销售部是两个独立的部门，市场人员总体文化程度更高，善于利用知识理性分析问题，喜欢经过精心策划，开展既能提升品牌、促进销售又能表现自己专业能力的市场推广活动；而销售人员的阅历更丰富，更注重行动，喜欢采用降价、赠送等直接的方式刺激销售增长。市场部和销售部的工作性质密切相关，但部门人员观念上的分歧往往会使两个部门在工作中产生分歧或矛盾，造成企业隐性内耗。

（3）利益分配的因素。在一定的条件下，企业拥有的资源（人员、资金、设备、原材料等）是有限的，可供分配的利益（薪金、福利待遇等）总额是有限的，但每个部门甚至个人都本能地希望自己能够拥有或有权支配、使用更多的资源，并获得更多的利益。例如，某旅游集团是一家纵向整合的旅游公司，其业务组合几乎涵盖了旅游价值链上的所有环节：旅行攻略、旅游营运、目的地地接和酒店。集团内部各营运部门之间经常为了利益的分配吵得不可开交：酒店部门认为自己向旅游营运部门提供的报价太低，利润都被旅游营运部门分走了，自己却面临不公平的亏损；而旅游营运部门坚持认为自己为酒店带来了额外的生意，享受优惠价格合情合理。类似的纠纷经常出现，公司高层管理人员像消防队员一样疲于救"火"。可见，利益分配问题也是造成部门间沟通障碍的原因之一。

3. 行为层面的原因。

平行沟通是以人为主体进行的，人的感情是无时不在的知觉过滤器，人们所看到和听到的实际上都是感情所愿意接受的东西，不恰当的沟通方式和态度会对沟通效果产生严重影响，如强迫对方接受的态度、模棱两可的语言、分心的举动或手势、随意插话、妄加批评和争论、不好的倾听习惯、不耐烦的姿势、不恰当的沟通时机和沟通对象、失控的情绪等。

平行沟通的原则

有时，自己认为十万火急的事，到了其他部门主管口中，竟然成了"芝麻绿豆大的小事"；原本应该合作解决的问题，到了跨部门会议上，又沦为"各弹各的调"，不能达成共识。那么，在不同部门各有不同立场与利益的情况下，内部审计部门怎样提建议，并说服其他部门认同并实施建议呢？怎样才能把话说清楚，让别的部门赞同内部审计部门的主张呢？

内部审计中进行平行沟通需要掌握以下基本原则。

原则1：找准沟通对象，明确沟通目的。

审计部门正在进行的工作遇到了困难，需要得到组织内部其他部门的帮助，首先应该找准沟通对象。困难出在哪个环节，谁是这个环节的负责人，这是需要明确的。我们必须遵循各司其职、各负其责的原则开展工作。如果你找一个不相干的人沟通，一是对方会认为你无事找事，二是你的目的根本达不到。所以，在跟其他部门讨论事情之前，先把一些基本问题想清楚，不要毫无准备就去，否则很可能得不到想要的东西。以下是几个应该事先想清楚的问题。

谁能帮助我们？

你希望对方帮你做什么事？

你认为他会要求你做什么？

如果对方不同意你提出来的做法，有没有其他选择方案？

如果双方没有达成共识，你会有什么后果？对方又会有什么后果？

原则 2：开门见山。

找准了沟通对象，首先征询对方是否有空。如果对方正忙于一个上司交办的紧急工作，或正在思考一个创意方案，你贸然打断，会让对方感到不悦。一旦确定对方时间上方便，你就可以直截了当地提出自己的沟通议题、自己的期盼，然后等候对方回应。这里特别要注意的是，不要转弯抹角、废话连篇，浪费自己的时间不说，也给对方一个不好的印象。

原则 3：了解其他部门的"语言"。

跨部门沟通不良，很多时候都是"语言"不通引起的。举例来说，销售部人员平常讲的是相同的"语言"，他们非常清楚自己部门的规则、目标与期望。财务、生产、人力资源等部门，也有自己的"语言"与观点。因此，想要沟通顺畅，前提就是听懂对方的"语言"，试着站在对方的立场思考。例如："这么做，对业务部的业绩有帮助吗？""如果换作我会接受这种做法吗？""这个方法真的有用吗？"通过换位思考，设身处地想问题，双方就比较容易达成共识。当然，时不时地跟其他部门的同事吃吃饭、聊聊天，增强感情，也对沟通有帮助。

原则 4：虚心征询对方意见。

既然找对方沟通，一定是自己觉得对方在解决问题上有所帮助。因此，应虚心听取对方的意见，了解对方对沟通的工作不配合的原因或存在的困难，或者对方是否有更好的完成任务的创意，正等着你来商议。在进行内部工作沟通时不必转弯抹角，但必须尊重他人，听取对方意见时不宜随意打断对方，以免分散对方注意、影响对方表达。同时要注意，如果你是工作上的佼佼者，更不可盛气凌人，一定要低姿态。

原则 5：开诚布公。

平行沟通面对的是必须长期共事的同事，因此，凡事以诚实为上策，最忌欺骗、隐瞒事实，这将破坏信任关系。部门之间一旦缺乏信任感，会加重彼此的防御心，沟通时就会有所保留，甚至隐藏一些重要信息。相反，互信会让双方在沟通时卸下心理防备，彼此会明白地说出自己的需求与考虑，并且增强合作意愿，共同解决问题。经验表明，诚信沟通有四个要点：（1）错的不要解释；（2）尽量不引起争执；（3）不打断对方说话；（4）多微笑。

原则6：求同存异。

由于所处的位置不同、个人经历经验不同，同事间在工作方式上存在不同态度、不同观点是再正常不过的事情。第一，不必大惊小怪；第二，从对方的立场考虑。跨部门沟通应该讲究求同存异，只要工作能够正常进行就可以了。不一定是一方说服另一方，或者是完全迁就对方，以维护和谐关系。这都是不可取的态度和行为。

原则7：不要害怕冲突。

在跨部门会议上，每个主管为了维护自己部门的利益，难免会出现一些摩擦。有些主管，尤其是新手主管，为了怕把气氛弄僵，往往会变得沉默寡言，以维持表面的和谐。

美国斯坦福大学策略及组织学教授凯瑟琳·艾森哈特（Kathleen M.Eisenhardt）在《有效沟通》一书中指出："如果管理团队在议题的讨论上都没有冲突，决策质量就会低下。"艾森哈特提醒，千万别把"没有冲突"跟"意见一致"混为一谈。有时候，太过和谐反而凸显不了对议题的重视，而且问题也不会获得真正的解决。因此，艾森哈特建议经理人态度要柔软，但立场要坚定。

原则8：呈现事实，专注中心议题。

让沟通聚焦的最好方式，就是呈现具体事实，引导对方迅速将注意力放在中心议题上，减少不当的臆测。美国达顿（Darden）商学院企管教授布尔乔亚三世（L. J. Bourgeois Ⅲ）在《哈佛商业评论》（*Harvard Business Review*）中指出，事实（例如目前销量、市场占有率、研发经费、竞争对手的行为等）可以将沟通过程中"人"的因素降到最低。在缺乏事实的情况下，个人动机可能会遭到猜疑，但"事实就是事实"，它不是出自人的幻想或自私的欲望，因此，提出事实可以创造一种强调中心议题，而非人身攻击的氛围。

原则 9：多提选项，保持弹性。

进行跨部门沟通，不要执着在单一做法上，而要提供多个选项，例如一次提出 3～5 个方案，让其他经理人有更大的选择空间。专家分析，提供多个选项能让选择不再"非黑即白"，经理人有较大的弹性调整自己的支持度，也可以轻松变换立场，不觉得有失颜面，因此能够降低沟通时的人际冲突。

原则 10：创造共同目标一起合作。

无可讳言，各部门间一定同时存在合作与竞争关系。部门间若想进行建设性的沟通，一定要强调彼此的合作关系，竞争意味愈淡愈好。合作的关键在于拥有共同目标。当团队成员朝着共同目标努力时，比较能把个人成败置之度外，因而更能理解别人的意见。但当经理人缺乏共同目标时，容易变得心胸狭窄，彼此误解并互相指责。因此，尽量去创造一个横跨各部门的共同目标，然后一起努力，就算有争执也没关系。因为，就如苹果公司创始人史蒂夫·乔布斯（Steve Jobs）所言："如果每个人都要去旧金山，那么，花许多时间争执走哪条路并不是问题。但如果有人要去旧金山，有人要去圣地亚哥，这样的争执就很浪费时间了。"在跨部门沟通中，达成一致的目标需要弄清楚四个问题。（1）双方的共同目标是什么？（2）有什么阻碍双方合作？（3）创造共同目标的资源是什么？（4）合作的价值是什么？

原则 11：善用幽默。

幽默可以作为沟通时的缓冲剂，也可视为一种防御机制。当你必须呈现可能会触犯到他人的事实，或是要沟通棘手信息时，以轻松或幽默的方式来传达，比较能保留对方的面子，也有助于正面的沟通。使用幽默法则的四条建议：（1）不谈论对方家庭；（2）不进行人身攻击；（3）不涉及组织敏感话题；（4）幽默有度，点到即止。

原则 12：确保沟通信息无误。

当针对某个项目或议题完成跨部门沟通后，必须要回到自己的部门，向部门内同事清楚传达最新进度与信息。很多时候，跨部门会议中所决定的事项，必须交由各部门的一线人员去执行，因此，一定要确保所有信息传达无误，才不会让好不容易达成的共识大打折扣。为了确保跨部门沟通信息无误，在沟通过程中，可以利用以下几个方法：（1）向对方重复沟通中的主要内容；（2）利用澄清的方式提出不明白的内容；（3）谈论重点议题时尽量不要打断对方讲话。

案例：沟通顺畅，人力资源部门为审计队伍建设助力

A 集团审计部这几天喜事不断，先后获得"全国内部审计先进单位"和集团授予的"经济卫士"荣誉称号，审计人员获得薪酬等级普调一级的奖励。审计部总经理逢人便说："审计部取得的成绩，离不开人力资源部的帮助。人力资源部为审计部招聘到很优秀的审计人员，打造了一支素质过硬的审计人员队伍。"

事情是这样的：为了加强审计人员队伍建设，审计部提前与人力资源部进行书面沟通，将审计人员队伍建设列入人力资源部中长期人力资源规划中去，经过集团董事会批准通过后实施。人力资源部根据批准的中长期审计人员队伍建设计划，与审计部共同讨论审计人员的业务能力、审计经验、技术能力、道德标准等要求，在招聘网站长期登载招聘启事，收集和分析合适的审计人员信息，建立了审计人员选聘人才库。审计部每年会与人力资源部协商，在人力资源部进行校园招聘时，主动参与校园招聘工作，审计人员会与人力资源部讨论校园招聘的流程、重点关注的项目、应聘职位的设置以及应聘申请书的内容等。审计部也会主动和人力资源部协商能否向广大应聘者介绍和宣传审计工作，做大学生未来职业生涯设计的专题演讲和从事审计工作所要具备的知识和能力专题演讲。人力资源部会根据自身的经验对审计人员的岗位设置和能力需要提出建议。

在竞聘者初选时，审计人员会和人力资源部沟通，要求参加申请人初选工作，从源头把控审计人员的素质和能力；参与对应聘者的面试工作，并争取让人力资源部同意参与选择合适的审计人员。人力资源部也非常重视审计部的意见，不仅让审计部派人参与竞聘者初选和面试工作，而且在

对应聘者专业能力的把控方面采纳审计部人员的意见。所以，经过上述流程选聘出来的审计人员素质都比较高，很快就能适应审计工作的要求，为审计工作的有效开展奠定基础。

审计部有时候还面临着临时补充审计人员的压力。2020 年初，由于疫情影响，在国外度假的电子科技审计专家不能及时回国。审计部急需对集团公司科技信息开展专项审计，聘请中介审计也不现实，于是决定紧急向社会招聘两名科技信息审计专家。由于审计任务重、时间紧，审计部快速与人力资源部进行面对面的协商，取得人力资源部的理解，启动紧急招聘，并将招聘方式确定为社会招聘，招聘来自同行业的科技信息专业审计人员。人力资源部一边发送招聘信息，一边从历史积累的审计人员人才库中筛选出基本合适的人员，组织开展电话初试，通过视频电话确定面试对象是否符合审计人员招聘条件。对于符合面试条件的人员，组织由人力资源部和审计部共同参与的面试，共同确定拟入选人员名单。人力资源部根据初试名单，进一步核实审计人员的学历、职称、工作经历、技术能力等，并委托外部中介公司开展入职前尽调工作，邀请行业专家进行把关，为发现和招聘优秀的审计人员打下良好的基础。

人力资源部还跟踪招聘的审计人员的工作情况、专业适应能力、审计工作开展的绩效，评估审计人员的发展潜能，并制订审计人员的培训培养计划和职业生涯计划，促进审计人员业务能力提升和素质提高。

审计部与人力资源部每年召开两次审计人员招聘和后续培养的座谈会，充分讨论审计人员队伍建设和审计工作开展，协同建立审计人员的绩效考核机制，组织开展审计人员招聘和工作适应性评估工作，为审计工作为组织创造价值和价值增值创造条件和基础。

案例：审计协同机制建设，促进业务条线有效整改

D 地方银行审计部根据年度工作计划，对全行的信贷资产质量进行专项审计。D 地方银行有 36 家分支机构，审计部组成审计组，按照不同区

域组成 6 个审计小组，每一个审计小组负责 6 家支行的审计工作。

审计部通过主审竞聘制选择具有 10 年信贷审计经验的老王作为主审，制订了详细的审计方案，将审计要点分为信贷客户的信用风险、关联交易未披露、贷款用途不合理、贷款的资金流向存在回流、第三人还本付息、周转资金来源于民间借贷、五级分类不准确、计提拨备不充足、客户经理贷前调查不尽职、贷后检查不到位等十类问题；并根据十类问题构建了相应的分析模型，对 2019 年以来的存量客户进行筛选，确定可疑数据作为审计人员必查数据。为了增加审计抽样的覆盖面，审计部根据贷款金额、贷款品种、贷款担保方式分层分类进行了随机抽样，保证样本量完整。

审计组成员认真对可疑数据和抽样样本进行分析和核查，将分析和核查情况记录在工作底稿中，对存在问题的记录进行查证，得出了结论，提取了相应的证明材料，制作了审计事实确认书。

审计组在与被审计支行沟通审计事实确认书时，客户经理的反应十分强烈。被审计支行对于贷款用途不合理、贷款资金回流、第三人还本付息、周转资金来源于民间借贷、五级分类不准确等问题有很大的意见。年年查，年年处罚，年年情况都未改观。同行业其他机构也存在类似的问题，这些问题是普遍的现象；D 地方银行审计系统的风险热力图显示，信贷业务问题近几年都是集中在上述方面。以上信息让审计人员敏锐地感到这些问题的存在不仅仅是执行问题，很可能是制度、流程、机制方面存在的问题。

审计组主审与授信部门、公司业务部门、零售业务部门、风险部门取得联系，将本次审计检查发现的问题提交给上述部门，希望各业务部门能够根据监管政策和制度、业务流程对风险控制的要求，对审计发现的问题给出一个解决方案。各部门在收到审计部发来的联系函时，针对问题进行了研究，给的意见是严格执行本行制度，不允许上述问题存在，建议对各支行进行严肃的经济和行政处分。

问题又回到了原点，审计人员认为业务部门没有从根本上解决问题，业务部门回答说："所有的机构都是这么规定的，制度和流程没有问题。"

审计人员为了推进问题的解决，就请审计委员会出面，组织召开联席工作会议，启动审计协同机制。审计部与授信部门、公司业务部门、零售业务部门、风险部门一起对审计发现的问题进行逐一分解，发现：如果借款人存在贷款资金用途不真实的问题，极有可能同时存在贷款资金回流、周转资金来源于民间借贷、五级分类不准确等问题。通过分析，审计人员发现这是转贷引起的：转贷时借款客户没有资金偿还，就通过民间借贷现将原来的贷款资金还掉，再向原贷款银行重新借贷；借款是为了转贷，所以就没有合适的、真实的贷款资金用途，借款人往往用装修、付货款等名义来申请贷款。审计人员发现：有的借款人每年都对同一套房屋进行装修，造成用途虚假；另外是转贷，贷款资金来源于民间借贷，就无法使用正确的受托支付方式，借款人往往虚构一个用途，将贷款支付给熟悉的第三人，资金再回流到借款人账户，归还民间借贷。由于有民间借贷存在，贷款的五级分类就需要下调。一系列的问题都源于转贷，审计人员进一步分析，转贷是基于 D 地方银行授信制度规定：银行的流动性贷款授信期限一般不超过一年，贷款到期必须偿还，周转后贷款按照新增贷款手续办理。

审计部将分析的情况与业务部门进行对接，对业务管理部门提出修改授信管理制度的建议：根据借款人现金流来确定还款时间，最长可以到三年；对于确实一次性不能还款的大额贷款，根据现金流规划分次分批偿还；还款可以采取无还本续贷业务，建议公司业务部和零售业务部开发无还本续贷产品，对接客户需求。业务部门接受了审计部的管理建议并着手进行制度修订和业务流程的改造。

在制度修订和业务流程改造中，业务部门将修改方案和被审计支行对审计发现问题的整改措施的审核稿一并提交审计部，征求审计人员的意见，听取审计人员的建议，业务部门和审计部达成一致意见后，再具体实施。

审计部会定期跟踪业务部门的制度和流程修改进度，评估制度和流程完善后业务运行情况和制度执行情况，及时反馈跟踪情况，与业务部门一起促进业务发展和制度流程完善。

在新的制度和流程执行半年后，审计部又组织相同人员对 36 家支行的信贷业务进行了后续跟踪，跟踪结果显示，原来存在的贷款资金用途不合规、资金回流、周转资金来源于民间借贷等问题很少再发生，整改效果明显，基本根治屡查屡犯的顽疾。

审计协同机制的建立，可以有效解决制度和流程设计中存在的缺陷，根除业务发展中存在的普遍高发的问题，既节约了管理成本，又有利于业务发展。审计协同是审计部门与业务部门的协同，是提高审计成效的有力手段。如果存在协同困难，可以借助审计委员会、董事会、监事会等治理层的力量，提高协同的力度，增强执行力。

8.3
内部审计的下行沟通

内部审计的下行沟通是与被审计单位及其下属的机构进行的沟通。通常下行沟通是为了使被审计单位及其下属机构能够了解内部审计项目开展情况，反馈审计发现的问题，给出审计意见和建议，让被审计单位及其下属机构能够准确了解审计政策、审计方法、审计计划、审计实施的程序。下行沟通也是为了宣传审计的职责，贯彻审计职能，减少资产损失，纠正错弊，降低风险，从而为企业价值增值服务。

案例：索取资料时遇见不配合的对象应该怎么应对

内部审计部小李正在对 A 公司的物流商选择进行检查，在审计检查过程中发现，A 公司称，当时物流商（包括仓库）都是总部选的，物流公司招标或者比价询价等前期考察、结果评定等的相关资料以及合同均在总部，需要总部提供。

审计人员联系了总部的相关领导，表达了要取得相关资料的目的。让小李没想到的是，总部王部长对小李的到来表现出了极度的不欢迎：表示工作非常忙，没有时间找这些资料，却当着小李的面，给家人及朋友打电话，聊与工作无关的事情，把小李晾在一边。王部长对小李的询问，一再表示："我工作这么忙，你在这里都耽误我的正常工作了。""这些工作都是分公司做的，你们到底是在审分公司还是在审总部？""合同有，但前期考察的资料啥的，肯定没有，没办法给你。"

面对如此情景，审计人员该怎么应对呢？以下回答为什么不是一种好的说法呢？

回答 1：好吧，你要是真没有那就算了，我先回去了。

回答 2：那不行，你这应该有啊，今天必须提供。

回答 3：好吧，我回去跟领导说一下。

回答 4：沉默，无言以对，低着头不说话，感觉心中很委屈。

回答 1 属于完成任务型的回答。这样的回答体现出审计人员就像传话筒，人家说什么就传达什么。这类审计人员不积极主动地寻找解决问题的办法，没有解决问题的欲望，往往都会使审计效果大打折扣。这种情况下，因为审计人员没有证据证明现场的状况，事后被审计单位人员很有可能会否认说："我可没这么说过。"

回答 2 表明审计人员已经知晓王部长是不配合的，这样回答无疑是火上浇油，只会激怒他，不会得到审计人员想要的结果。一旦他生气说出"我都已经告诉你没有了，你听不懂吗？"之类的话，彼此就会非常尴尬。而且，回答 2 中审计人员也没有说明为什么王部长应该有这份资料以及提供这份资料的意义，只是为了要资料而要资料。审计人员干着急、白上火还达不到最终的目的。切记，审计人员要时刻保持冷静，要从容地面对各种情况。

回答 3 则显示出审计人员的无能，立刻将领导搬了出来，这是推卸责任，没有担当的表现，当然不可取。如果一定要搬出来领导，可以这样说："最近领导对我的工作一直都不满意，今天就给我布置了这么一项工作，不完成我怎么交代呢？"

回答 4 的沉默则表明了审计人员已经自乱阵脚，这样做肯定是不行的。类似情况在实际工作过程中时有发生，就是因为审计人员脑海中没有储备好沟通的模板，没有经过恰当的训练，也没有做好充分的准备。审计人员不能只是带着任务去，在去之前就应该想好，被审计对象痛快地提供资料时应该怎么应对，不配合时应该怎么应对，半推半就时又应该怎么应对。

面对此类情形，我们到底应该怎么应对？应对上述情况，需要思维，更需要行动力。行动力从哪里来呢？从良好的思维中来。如果没有思考、没有思维，那将一事无成。

较好的回答：王部长，您好，是这样的，根据我们的审计要求，这些资料是必须要取得的，我今天的任务之一就是要取得这些资料。我已经去了 A 公司，A 公司明确表示这些资料都在总部。请您再辛苦找一下这些资料。如果实在无法找到这些资料，请您提供一下当时情况的文字说明，包括物流商的选择标准、评判过程等。

这种回答很直接地反映出审计人员是在十分冷静地应对被审计单位及相关人员。第一，"A 公司明确表示这些资料都在总部"表明了总部相关人员不能轻易说这些资料没有，因为一旦说没有则表明其工作不到位。第二，退一步讲，即使总部真的无法提供资料，当初在做这项工作的时候也一定会有评价标准和尺度，审计人员可以要求相关人员提供文字说明作为替代程序。第三，"这些资料是必须要取得的"则说明审计人员的态度非常明确，不达目的誓不罢休。

需要沟通的环节及内容

内部审计与被审计单位的沟通贯穿于整个审计过程。在常规审计的各个环节，审计人员与被审计单位进行了全面、有效的沟通，使被审计单位不仅知道问题在哪里，还能够知道出现问题的根本原因。通过沟通，可以提高被审计单位整改问题的自觉性和有效性，也达到了内部审计的目的。内部审计与被审计单位的沟通主要表现在以下三个环节。

一、审计前的沟通

充分的审前调查和良好的审前沟通能够起到事半功倍的效果，也易于拉近内部审计与被审计对象的关系。内部审计人员在进驻被审计单位前应了解被审计单位经营规模、经营范围、经营管理方式、基本财务状况、内部控制制度情况、以往年度审计情况、企业的历史沿革、存在的主要风险等。在审计沟通中充分的准备是非常必要的。一个对被审计对象一无所知的人难以与对方进行良好的沟通。

审计前的沟通主要是通过召开审前会的方式进行的。参加会议的被审计单位人员主要包括被审计单位主要负责人及审计工作可能会涉及的部门负责人。内部审计人员不应将审前会看作实施审计前走走形式，召开审前会可以使被审计对象详细了解本次审计的目的、性质和具体安排，增加被审计单位对内部审计的认识与重视程度，有利于审计实施阶段的沟通。

沟通的主要内容包括：（1）本次审计项目的目的与性质；（2）被审计单位基本情况介绍；（3）审计计划安排；（4）需要被审计单位提供的资料；（5）其他需要被审计单位配合的事项。

二、审计过程的沟通

审计过程的沟通主要是就审计过程中发现的重大问题及审计遇到的困难进行沟通。需要沟通的情形主要包括以下几类。

1. 审计访谈，即审计人员与被审计单位相关人员就具体审计事项进行一般的交流与沟通。

2. 审计过程中发现重大问题，包括内部审计人员对被审计单位选用的会计政策、做出的会计估计和财务报表的披露等重要会计处理问题有异议，以及发现违法违规问题等。

3. 审计过程中遇到不配合情形，包括但不限于以下两个方面。

（1）有关部门在提供审计所需信息时出现严重拖延。例如，内部审计人员可能要求查阅某项重大交易的合同和相关的核准审批文件，但是有关人员一拖再拖，不能及时提供。

（2）不合理地要求缩短完成审计工作的时间，导致内部审计人员无法严格执行计划的审计程序，难以获取充分、适当的审计证据，进而不能实现审计目标。

4.遇到其他困难，包括但不限于以下两个方面。

（1）无法获取预期的证据。例如，对应收账款进行函证收到的回函太少。

（2）有关部门对内部审计施加限制。例如，管理层阻止内部审计人员与被审计单位内部审计机构接触，或者不允许内部审计人员实地察看生产经营场所等。

三、审计结果的沟通

审计结果的沟通，是指内部审计机构与被审计单位、组织适当管理层就审计概况、依据、结论、决定或建议进行讨论和交流。

1.审计概况。

内部审计人员就审计的基本情况向管理层进行介绍，并征求管理层的意见。

2.审计依据。

审计依据是指据以得出审计结论、提出处理意见和建议的客观尺度，包括外部制订的审计依据和内部制订的审计依据。

3.审计结论、决定或建议。

审计项目负责人应与被审计单位就审计结论、决定或建议进行及时沟通。被审计单位对审计依据、审计结果持有异议的，审计项目负责人及相关人员应进行研究、核实。

与被审计单位沟通存在的障碍及其原因

内部审计工作常涉及整个被审计单位，内部审计人员与被审计单位内各个部门打交道，对其经营活动与内部控制的合理性、有效性进行客观的审查与评价，并就审计工作中发现的问题和改进的建议向被审计单位报告。可是，在一个组织中，极少有人希望处于失败的位置上，更没有人喜欢别人对自己"说三道四"；加之，被审计单位或者工作人员通常害怕在审计中发现的问题对自己的工作升迁不利。因此，在内部审计人员访谈或者索要资料、召集开会时，被审计单位人员常常抱怨内部审计人员打乱了他们的工作程序，不必要地改变了他们已经熟悉的常规，对内部审计人员存有一种本能的戒备甚至对抗的心理。当内部审计人员建议减少现有控制程序时，被审计单位认为是在剥夺其权利；当内部审计人员建议增加内部控制程序时，被审计单位抱怨增加了他们的管理工作量，从而产生沟通障碍。

当然，也要承认，有部分障碍来自内部审计人员自身。例如，个别内部审计人员心态不正，认为自己高高在上，不懂得尊重他人，不能以理服人，自造壁垒；有些内部审计人员故作神秘；有些内部审计人员过于自大，认为自己的判断就是权威，毋庸置疑；内部审计人员要求业务部门按照他们的想法行事，却往往低估了业务部门所面临的困难；等等。这使得被审计单位抱怨内部审计人员在专业方面是外行，不了解他们的工作；责备内部审计人员过于自大，经常使用他们不懂的术语；埋怨内部审计人员提出的程序过于烦琐，打乱他们现有的工作秩序，影响工作进度；认为内部审计人员的建议没有必要，增加的控制程序将耗费更多的人力、物力和财力。

消除或减少障碍的思路

一、进行有关内部审计工作价值的宣传

现实工作中，部分被审计单位并不清楚内部审计的目的和工作价值，他们可能认为内部审计只会鸡蛋里挑骨头，给自己添麻烦。内部审计人员应耐心宣传内部审计为组织增加价值和提高效率的目的，并在工作中体现服务意识，使被审计单位逐渐认同内部审计的工作价值，密切配合共同为实现组织目标而努力工作。

二、采取"请进来，走出去"的内部审计管理模式

世界500强之一的GE（美国通用电气公司，General Electric Company，简称GE），其内部审计工作被认为是成功的典范。GE的内

部审计人员绝大多数是工作 3 ~ 10 年的年轻人。GE 每年从基层管理者中精心挑选几十名精英进入公司审计部，同时从审计部输送差不多同样数量的人去充实 GE 各业务管理干部队伍。包括副总裁在内的各级管理干部中有很多管理者有内部审计工作经历，整个 GE 中层以上管理人员中有60% ~ 70% 是由公司审计部输送的。每年离开审计部的人员中约有 40%可以直接提升为中级以上管理人员。这种"请进来，走出去"的管理模式，直接增进内部审计部门与被审计单位的相互了解。

三、为被审计单位提供参与内部审计的机会

审计实施前，通过项目会议等方式使被审计单位详细了解本次审计的目的、范围和具体安排，并根据被审计单位的需求和实际情况进行适当调整；在审计实施过程中，可在不增加审计风险的情况下，让被审计单位的员工协助完成项目的某些方面。部分被审计单位人员参与了内部审计工作，有利于增加其对审计结果的认同度。

四、树立与培养正确的冲突观

对于一个过于融洽的企业组织来说，组织内部中各个部门间的关系矛盾是很难表露出来的，而这反而会影响到企业的管理，使企业的发展受到极大影响。此外，企业组织中所产生的矛盾与冲突具有二重性：对于职能发挥正常的企业部门来说，潜在冲突的产生反而能够使群体工作绩效得到一定的提高，进而加快企业组织目标的实现；而对于职能发挥不正常的企业部门来说，潜在冲突的产生会使群体工作绩效降低，进而给企业组织目标的实现带来阻碍，这是企业应当尽量避免的。从本质上来说，企业内部各部门与内部审计部门在根本目标上是相同的。各部门管理层能够借助于内部审计的职能来对风险进行识别、评估与控制，进而加快组织目标的实现；内部审计部门通过自身职能对企业组织进行治理，从而找出组织中存在的漏洞，加强组织职能发挥。根本目标的一致性也为内部审计化解与各部门的潜在冲突提供了深厚的基础。

五、做好沟通前的准备工作

在与被审计单位正式沟通前，内部审计人员需要对其业务环境、营运状况等进行调查了解，同时，还应从侧面了解主要沟通对象的人格特征和行为模式，预测沟通中可能出现的问题和沟通对象可能的反应，准备好应对方案。

六、选择适当的沟通方式和场所

根据不同的沟通目的和沟通对象的特点选择不同的沟通方式和场所，有利于沟通的顺利进行。如以了解业务过程为目的的沟通，可选择在被审计单位的工作场所进行口头沟通，或以调查表等方式进行书面沟通；从侧面了解被审计单位的情况时，可在非正式场合以闲聊等方式进行沟通和收集信息；而就最终审计结果征求被审计单位的意见时，可通过《审计报告征求意见书》等书面方式进行沟通，也可召开相关会议进行口头沟通并要求被审计单位出具书面反馈意见。

七、认真倾听被审计单位的意见

认真倾听可以创造出相互信任和相互尊重的气氛，使对方打消顾虑，畅所欲言，使内部审计人员可以了解到各方面的信息。当然，重视倾听并不是完全放弃沟通的主动权，内部审计人员应在倾听的同时，通过鼓励、提问、引导等方法，控制沟通的主题，提高沟通的效率。

八、及时反馈审计过程中发现的问题

对审计过程中发现的问题，内部审计人员应及时与被审计单位进行交流，听取对方的解释（舞弊审计除外）：对于因误会产生的问题，可以及时消除，提高效率；对于确实存在的问题，可以要求对方在审计结束前及时改正，减少审计报告的负面评价，也有利于双方对审计报告达成一致意见。

九、重视审计总结会议

当审计工作接近尾声时，内部审计人员应与被审计单位的主要代表举行一次会议，这个会议被称为审计总结会议。审计总结会议的主要议题是就审计概况、依据、结论、决定或建议与被审计单位、组织适当管理层进行沟通，这是减少误解的一个关键环节。审计总结会议的时间应尽量靠近审计工作结束日，出席会议的人员主要包括：被审计单位的领导及相关主管人员、审计部门负责人、审计组长及部分成员。

为了保证会议的顺利进行及效果，同时也为了表达友好合作的礼貌，内部审计人员明智的做法是在会议开始的几个小时前向被审计单位领导提供一份非正式的《审计发现汇总表》的副本（见表8-1），这一做法通常能够使被审计单位更充分地准备，以便在会议上发表自己的意见。充分准备是使内部审计沟通有效的一个重要措施，并且这样做能够敦促被审计单位开展纠正行动，使一些潜在的不满情绪能被尽早地释放。

表 8-1　审计发现汇总表

被审计单位			签名	
审计项目		编制人		
审计期间		复核人		
序号	审计发现	可能的原因及影响	问题定性及处理意见	索引号
审计说明：				

在审计总结会议上，审计组长应首先说明本次审计的目的、审计范围和重大的审计发现。在会议中，内部审计人员应保证被审计单位领导对所有的重大发现和审计建议及业务人员的反应做出评价，这是一个证实审计报告准确、平衡和相关的机会。审计组长尤其应努力通过这次会议使被审计单位领导同意所有需要采取的行动以及这些行动的实施期限，这些情况

也应列入最后的审计报告。如果内部审计人员与被审计单位发生了难以避免的意见分歧，也应在审计报告中对其加以说明或者将其作为审计报告的附录。

表8-2展示了一个审计总结会议的议程安排，表中列出的建议的议程安排和注意事项体现了有效沟通的若干原则。

表8-2　审计总结会议的安排和注意事项

建议的议程安排

1. 说明审计的范围和目的
2. 简单介绍审计的方法
3. 对审计过程中的合作与协助做出适当、肯定的评价
4. 对业务、系统和程序做出适当的、建设性的评价
5. 在讨论审计发现和建议，听取反馈意见时，注意用语的变换
6. 提出报告的发送对象，以及全文或部分内容的接收者；并采取不公开的方式，听取被审计单位对以上做法的意见
7. 告知被审计单位复查和发送报告的时间
8. 告知被审计单位，我们期待他们的反应
9. 起草报告初稿的过程中征求被审计单位的意见，看是否有必要保留报告初稿，是否收回或提请被审计单位注意初稿的使用和最终销毁
10. 对审计处理征求被审计单位的建议
11. 对反馈意见表示感谢

注意事项：展示专业水平

1. 保持礼貌与周到
（1）不要争吵或骂人
（2）避免使用不礼貌的话语，如"你是错误的""我不相信""我不同意"，并且不应使用"愚笨的""古怪的""蠢钝的""可笑的""固执的"等容易刺激人的词语
2. 在语气和形象上应保持中立、客观、公平
3. 对反对意见要有所准备和预见。要准备充分的证据。如：记录、参考资料等
4. 态度积极
（1）要赞扬、促进、鼓励，不要破坏、攻击或打击
（2）要留有余地，以便给被审计单位保存面子
（3）不要把被审计单位表达观点视为不同意
5. 有限度地表现出自信，发言要清楚，并注意眼神交流与维持会议秩序
6. 留心听取反馈意见

案例：火眼金睛盯疑点，寻根问底挖真相

A 集团审计部根据董事会的授权，对下属园林绿化公司负责人进行经济责任审计，该园林绿化公司是一个绿化植被种植企业，培育用于城市绿化的树木。审计人员从一笔企业银行贷款入手，通过购置树苗款流向，层层深入发现问题，揭示了该企业高估绿化树苗种植成本，挪用贷款资金用于购置房产获取增值收益的违法事实。

疑云重重

审计组进点后，就召开进点座谈会，审计组要求公司管理层、中层干部和财务人员参加。会上审计人员听取了园林绿化公司总经理做的述职报告，听取了财务部总经理做的园林绿化公司负责人任期财务运行情况的汇报。审计人员听了财务部总经理的汇报后，总觉得这份财务运行情况报告与其他公司的财务运行情况报告不一样，没有其他公司详细，特别是对外借款、对外投资说得很含糊，也很简单。审计人员心生疑惑，考虑到这是园林绿化公司的一项重要业务，就向公司财务部总经理询问："园林绿化公司由于绿化树木培育时间比较长，销售变现时间更长，期间还要对绿化树木投入大量的化肥、农药和人工，所以园林绿化公司银行贷款也比较多，为什么汇报中没有提及？"财务部总经理说："园林绿化公司确实由于生产周期长，银行贷款比较多，只是在任期内增加不多。"审计人员追问道："有多少新增？"财务部总经理说："10 笔，共 15 000 万元。"审计人员说："把所有的贷款合同拿来看一下。"财务部总经理打电话让出纳把 10 份贷款合同拿给了审计人员。审计人员仔细翻看了合同未发现问题。审计人员想，为什么这么大的新增借款金额不向审计组汇报呢？

初战告捷

带着疑虑，审计人员决定进一步调查，走访了园林绿化公司的借款银行，审计人员将 10 份贷款合同拿出来与银行的客户经理进行了逐笔对账，核对结果是贷款合同完全相符。当审计人员看到客户经理手里还有一份合同时，就问客户经理："你手里的是什么合同？"客户经理说："我手里也

是一份银行贷款合同，虽然签署日期是今年，但是是以前贷款合同到期后做的转贷，园林绿化公司说不算作今年新增银行贷款合同。"审计人员觉得园林绿化公司财务人员专门对银行客户经理交代贷款合同新旧划分，好像没有必要，园林绿化公司财务人员想隐瞒什么？

发现了多出的本年新增金额 2 000 万元的贷款合同后，审计人员高度重视，向审计组及上级部门做了汇报。审计组经过研究，决定将这新增的 2 000 万元贷款作为线索，查一查看到底是什么情况。

拨云见日

审计人员拿着从银行客户经理处复印的 2 000 万元贷款合同，直接去找园林绿化公司财务部出纳，让她拿出与银行签订的贷款合同。出纳急忙给财务部总经理打电话，让财务部总经理来出纳办公室。财务部总经理走到出纳办公室，看到审计人员拿着的 2 000 万元贷款合同复印件时，主动对出纳说："把我们留存的贷款合同拿给审计人员，我们对审计无禁区，这是以前年度转贷合同，不是实质新增。"

审计人员同时让出纳将 2 000 万元贷款合同、申请贷款的项目书以及银行账户流水提供给审计组。审计人员发现项目土地有 200 亩（1 亩约为 667 平方米），项目资金用途为：购进紫金树苗 40 万株，25 元每株，共 1 000 万元；购进杉木苗 20 万株，15 元每株，共 300 万元；购进桂花树苗 20 万株，10 元每株，共 200 万元；购进肥料 2 万吨，250 元每吨，共 500 万元；项目总造价 2 000 万元。审计人员看到上述数字，就问财务部总经理："你觉得这个项目是否真实？"财务部总经理说："我看不出问题，银行都没有说有问题。"审计人员问："你是否算过，200 亩土地，要种 80 万株树苗，每亩地要种 4 000 株，一平方米需要种树 6 株；更令人奇怪的是，购进 2 万吨肥料，每亩耗用肥料 100 吨，你认为合适吗？"财务部总经理被问到哑口无言。审计人员查看银行流水，发现每月都有一笔现金存入，金额为 5 万元，经测算为 1 000 万元贷款的一个月利息；追踪 2 000 万元贷款的资金流向，其中 1 000 万元经过关联交易支付给一家房产交易公司。至此，财务部总经理在事实面前终于承认，当前房地产市场火爆，房价飞涨，银行在控制房地产贷款，大部分员工都有意利用房地产升值赚一些钱。年初，公司 2 000 万元贷款到期，经财务部门测算，准备还贷 1 000 万元，对剩余 1 000 万元进行转贷。在公司负责人的授意下，相关人员将未偿还的 1 000 万元贷款，重新以公司的名义贷款，转给房产公司购买 10 套住房，每月 5 万元利息由员工偿还，等到房价涨到一定程度，就出售住房，收回的售房款用于偿还企业尚未偿还的 1 000 万元贷款，10 套房子增值部分归全体员工所有。

严肃问责

园林绿化公司通过虚构用途，从银行获得贷款资金，挪用贷款资金用于炒房，为公司员工谋取房产增值收益，违反了国家信贷政策，同时，也违反了公司资金不得挪用，公司管理人员及财务人员必须遵守财经纪律，不能利用任何手段谋取利益的规定。集团公司对园林绿化公司负责人给予免职处理，对财务部总经理给予行政警告，对其他财务人员进行通报批评；将 10 套房产进行处置，收回挪用资金，偿还未还的 1 000 万元贷款本息，增值部分作为企业其他营业外收入。

案例：沟通倡导合规价值，人人践行合规理念

Y 银行是一家区域性商业银行，秉承科技先导、服务为本、价值提升的审计理念，通过审计文化建设，创新审计方法，加强审计队伍建设，提高审计的质量和效率，拓宽审计的服务领域，实现审计成果的有效转化。该银行还充分发挥内部审计在风险管理、内部控制、提高本行经营效益等方面的作用，努力实现内部审计创造价值的目标。

让审计文化扎根每一名员工内心

审计人员积极倡导开展审计文化建设，向全行每一名员工宣传审计文化，倡导合规经营，通过组织开展审计沟通活动，建立内部审计人员联系被审计员工的制度。在全行上下践行团结向上、诚实敬业、监督服务的审计价值理念，求真、务实、客观、公正的执业品质，合作、真诚、探索、

交流的审计团队精神,利用审计文化来指导审计工作和风险管控工作的开展。要求审计人员做到"四有"和"四不"。"四有"就是开展审计项目时,要做到有信心、有能力、有方法、有动力。"四不"就是指不放过任何可疑的线索,不姑息任何违规的事件,不拘于任何固定的模式,不追求漂亮的审计报告。审计文化的建设,使全行员工的关系变得密切,促进了内部审计作用的发挥和目标的实现。

加强学习交流,指导基层员工合规经营

审计人员对历年审计问题、查证思路进行总结,结合监管处罚案例,组织开展合规案防学习、送课下支行、内训学院培训活动等,在加强审计人员自身业务素质提升的同时,面向基层员工开展培训,授课内容注重从审计问题本身的原因、动机、存在的风险、以往类似问题造成的负面影响等方面进行深入剖析,并结合处罚结果强调违规操作导致的严重后果。参加培训的有总行各部室、分支机构等部门的人员,包括行长、副行长、书记、运营主管、客户经理、财富经理、大堂经理、柜员、管理岗员工等,有效提升基层支行员工合规意识,使得合规案防教育更加深入人心。

组织召开座谈会,了解全行风控情况

为了真正实施以风险为导向的审计工作,提高审计效率和质量,审计人员组织召开座谈会,收集全行员工对风险管理的认识;组织开展合规风险测试,推广研究使用风险热力图,在每一次员工大会上,利用风险热力图、气泡图等对全行重点风险、重点区域、重点机构、重点环节进行直观展示,让每一个员工能了解风险、识别风险,能够利用风险热力图来确定业务发展重点。

利用计算机辅助审计技术,构建业务运行、风险监控的多维度模型,通过大数据审计技术发现可疑数据,向支行的客户经理、管理者发送,让客户经理及管理者能够及时了解客户风险以及业务运行中存在的问题。基层客户经理及时反馈对可疑数据的核实情况,帮助审计人员掌握模型预警

的准确度，及时跟踪审计问题发现及整改情况，使审计监督关口前移。

建立多媒体交流平台，关注舆情动态

审计部建立抖音、微信、微博、网页舆情监控机制，利用爬虫技术收集银行相关的资讯，并建立审计人员与部室、支行的联系制度，不定期走访部室和支行，听取部室、支行业务发展的情况介绍，员工的动态变化；开通了审计线索举报制度，员工或非员工可以通过电话、邮箱、短信等渠道，向审计人员反映问题，审计人员根据举报线索和反映的问题进行核查，并及时反馈核查的情况。审计部建议总行在内网开通学习园地、论坛和吐槽天地：员工可以利用内网的文章、课件及论坛的问答来学习，提高个人业务素质和工作能力；管理人员可以利用吐槽天地的留言区发现员工真实的想法，找到管理中存在的问题，及时反馈沟通，快速解决问题。

审计成果运用升华，审计沟通服务业务发展

Y 银行推动审计职能从"监督主导型"向"服务主导型"转变，重视审计成果的应用，通过管理建议书、风险提示书、审计简报等审计沟通载体，升华审计沟通，服务业务发展。

一是向全行发布风险提示，严防再犯。延伸审计触角，拓展审计广度，从单户贷款企业存在的风险延伸揭示整个行业的贷款风险；从单一担保物的风险延伸揭示一种担保类型的风险；从一个支行存在的问题延伸揭示全行存在的普遍性问题。如发现一个支行存在倒卖票据现象，提示在全行范围内对该类情况进行排查。这种由点及面、由个体至整体的风险揭示审计服务模式，使管理层更深入了解业务经营管理中存在的普遍性问题，可有效控制风险。

二是追根溯源，挖掘深层次、根源性问题。内部审计工作不是仅对问题的现象进行描述，而是更注重从制度、体制、流程、系统控制中寻找问题的原因。通过对审计发现问题的根源进行深入的挖掘和剖析，使每一个员工都能直接了解到内控的薄弱环节或控制缺陷，有针对地采取措施，起到标本兼治的效果。

　　三是总结提炼，发挥"参谋"作用。审计部门每月编制一期审计简报，发送给全行员工。简报分为审计动态、风险提示和热点聚焦三大板块，总结、提炼审计成果，结合当前形势，发表审计观点，提供决策参考。

第 9 章

有效的外部沟通

一个人成功与否，是与其逆向或批判性思
维有关的。

——理查德·保罗

9.1
与监管部门的沟通

　　内部审计需要与外部的监管部门建立良好的沟通机制：一方面，内部审计接受监管部门的政策指导，根据监管部门的要求来开展内部审计工作，将监管部门的要求贯彻落实到被审计单位的日常工作中，使被审计单位能够合规、合法运行；另一方面，内部审计需要向监管部门报告内部审计开展情况，将被审计单位的公司治理、业务发展战略、业务发展状况、经营机制、人员管理情况报告给监管部门，让监管部门能够清楚地了解企事业单位的战略、公司治理、风险控制等情况，获得监管部门的认可，减少监管的成本投入，使监管沟通也能创造价值，从而协调内部审计机构与监管部门的关系。

　　监管部门是指对内部审计机构所在单位有监督管理职责，行使国家行政权力的机关和部门。监管部门包括市场监督管理部门、税务部门、质量监督管理部门、银保监部门、证监部门、劳动监察部门、纪检监察部门、国家审计部门等。

　　内部审计应该积极和监管部门进行沟通，取得监管部门的工作认可，推进内部审计所在机构业务制度完善，风险防控能力提升。

案例：监审联动，推动银行同业业务健康发展

　　为加强银行同业业务风险防控，节约监管资源，促进银行自我免疫系

统建设，营造风险管理自我修复的内循环，监管部门与银行审计部门建立协调沟通机制，实现资源共享、成果共享，以此提升监管的质效。

A银行当地银保监分局为了加强同业业务风险监督，决定由监管部门委托A银行审计部门，组织开展同业业务风险情况专项审计活动，在给定的审计范围内实施审计项目，将审计结果报告给当地银保监局，并组织对发现的问题进行整改，组织开展后续审计，评价问题的整改情况。

A银行当地银保监分局现场检查处，根据监管部门发往A银行的内部审计委托项目的函的内容，结合审计目标，给出了本次审计的范围、期限以及审计的事项和审计重点。根据审计需要，A银行所在地的银保监局以委托函的形式，给出了委托审计项目的具体要求和审计方案。A银行审计部门在接到当地银保监分局的书面委托审计的函以及审计要点后，就及时向银行的治理层、高级经营层汇报，获得A银行治理层、高级管理层的同意。

A银行审计部门召开委托审计项目动员会，发布实施本次委托审计项目的工作安排和工作要求、明确审计目标和可投入的审计资源的任务书，号召具有主审资格人员，报名参加审计项目主审竞聘。拟参加审计项目主审竞聘的审计人员根据审计项目任务书以及本行内部审计电子资料库关于金融同业业务历年审计检查情况的资料，结合电子制度库的监管制度、行业管理部门制度以及本行制度，制订详细的审计方案。A银行审计部门邀请本行监督委员会、审计委员会、金融同业部门负责人、内部审计质量控制人员以及审计部门负责人一起组成审计项目主审竞聘答辩委员会，根据各位主审候选人的审计方案和现场审计问题答辩情况，进行综合评分，确定本次委托审计项目的主审。

在委托审计项目主审确定的情况，A银行审计部门根据现有的审计资源，着手开始组成审计组，对其审计组成员进行分工，开展审计前调查和数据分析，对其他竞聘审计人员审计方案优秀部分进行吸收，进一步完善和细化审计方案。

审计项目主审主持召开审计小组会议，一方面共同学习所要审计的同业业务的知识、制度要求，分析本次审计可能遇到的问题，评估是否需要聘请内外部专家进行协助。另一方面就本次审计的时间安排，审计方案、审计要点、需要采取的流程和技术方案进行进一步讨论，形成较为完整的审计方案；梳理好审计所需的制度、流程、审计要点以及审计资源的投入，形成审前分析报告。

A银行审计部门会同审计组长、主审以及部门骨干与银保监部门进行审前沟通，向银监保监部门汇报详细的审计方案、审计要点、审前同业业务分析报告以及可能存在的问题，拟采取的审计措施、质量控制方法等，听取银保监部门关于委托审计项目的目的、银保监部门掌握的金融同业业务的情况以及需要重点关注的事项。A银行审计部门就重点事项的审计措施和审计思路，与银保监部门进行了深入的沟通，对相应的审计目的、审计范围、审计的时间安排、审计项目初步的进程安排等事项达成一致意见。A银行审计部门根据与监管部门会谈的情况，制作了监审联动会议纪要，记录监审联动会谈成果，明确委托审计项目的内容、程序、流程和成果报告方式，以银行上行文的形式发送给银保监部门备查。

A银行审计部门根据与监管部门的会谈成果，进一步完善和细化同业业务审计方案，将最终确定的委托审计项目方案发给每一个审计组成员及银保监部门，审计组成员根据审计方案和分工情况，组织开展现场审计项目。

现场审计过程中，审计组成员分成四个小组，分别是公司治理及风险控制组、同业授信业务审计组、同业负债业务审计组、同业业务财务核算组。每一个小组按照审计要点和业务种类明确了责任。当现场审计进行到一半时，委托审计项目主审召开审计项目期中总结会议，每一位审计人员将审计工作的进程和发现的问题以及审计中存在的问题、不足，进行总结，向各自小组的负责人进行汇报。各小组负责人负责汇总本小组审计发现的问题，评价每一个审计人员完成审计工作的数量和质量，评价每一个审计人员是否按照审计方案开展工作，评价是否实现审计的目标，评估剩余审计工作可能耗费的审计资源，审查是否有遗漏的重要审计节点，补充必要的审计工作。每一个小组的负责人，将本组审计工作完成情况以及存在的不足、下一步所要采取的审计程序等事项，向主审和审计组长汇报。主审汇总各小组审计项目开展情况，将审计发现问题以及审计工作中出现的优缺点进行分析总结，布置下一阶段审计工作，评估审计工作质量，修正审计工作中存在的问题，及时调整审计方案、审计思路和审计工作措施。

A 银行审计部门在 A 银行审计组期中自我总结的基础上，将阶段性审计成果以及需要采取的进一步审计措施、对前一阶段的审计工作的自我评价情况、需要监管部门协调解决的跨银行协助问题、需要进一步明确的重大政策等问题，向银保监部门进行书面汇报，等待银保监部门的反馈。

银保监部门在接到 A 银行审计部门期中委托项目已经开展情况的书面报告后，立即安排 A 银行主监管员会同部门其他同业业务监管人员，对 A 银行审计部门书面报送的委托审计项目开展情况的报告进行审核；对 A 银行审计部门已经开展的审计工作质量进行评估；对 A 银行审计部门开展委托审计项目取得的审计成果以及审计流程、审计资源投入、审计方案遵从情况进行评价；对 A 银行审计部门委托审计项目开展中存在的问题进行梳理；对下一步 A 银行审计部门的进一步审计程序进行评价；对需要协调的同业业务审计的协助工作进行安排；对需要进一步明确的重大政策予以明确，并形成书面反馈意见。在此基础上，主监管员主动约谈 A 银行审计部门负责人、委托审计项目组长、主审，让其就委托审计项目期中审计汇报事项到监管部门进行面对面反馈。在面对面反馈会议上，主监管员将委托审计项目期中审计汇报情况反馈意见进行宣读，就反馈意见中 A 银行同业业务审计取得的成果予以充分肯定，对存在的主要问题进行了质询，对协助事项与重大政策如何实施进行了详细的说明，对下一步的委托审计项目的工作提出了要求。A 银行审计部门负责人代表审计组回答了主监管员的质询问题，说明了委托审计项目审计组拟根据监管部门的反馈意见采取的审计措施，感谢监管部门提供的资源协助和政策解读，明确了按照监管部门的要求实施进一步审计的工作程序。

A 银行审计部门相关人员从监管部门回来后，立即组织委托审计项目组成员开会，布置落实监管部门的相关要求，责成项目主审进一步调整审计方案，进一步评估审计所要投入的审计资源，加强审计项目质量控制。

委托审计项目审计组成员根据调整后的审计方案安排，积极开展现场审计工作，按照审计方案要点进行审计查证，获得审计证据。经过全体审计组成员的努力，审计组按时圆满完成委托审计项目，撰写了审计报告初稿以及发现问题的清单。在此之外，审计组又撰写了委托审计项目开展情况报告，该报告包括委托审计项目实施范围、实施的时间、投入的审计资源、各个阶段审计的发现、审计调整的事项、对于同业业务审计的重大审计事项及要点的评价、审计的结论、提出的审计建议等。A 银行审计部门将上述材料准备好后，专门向银保监部门做专题汇报，听取监管部门对审计项目开展情况的意见和建议。银保监部门通过双方充分的沟通，明确了审计发现问题并对问题进行了定性，审核了审计开展的过程，评价了被审计单位同业业务开展情况，评价了委托审计项目审计目标的完成情况，提出了审计报告、审计建议的完善要求。

A 银行审计部门根据向监管部门的汇报情况，完善了审计报告、审计建议，向被审计单位征求意见，通过充分沟通，对审计报告和审计建议达成一致意见后，正式发送审计报告和审计建议。在审计报告和审计建议发出后，委托审计项目审计组着手与被审计单位沟通审计整改意见，协商审计整改措施，将审计整改意见草案发给银保监部门进行沟通，听取银保监部门对审计发现问题整改意见的反馈意见。在得到银保监部门反馈意见后，审计组及时对审计发现问题整改意见进行完善和修订，最终确认后发给被审计单位贯彻落实。

此后，A 银行审计部门应该积极跟踪被审计单位关于同业业务审计整改措施落实情况，组织审计组成员对审计整改意见落实情况进行核实，建立审计问题整改台账，实施销号制度，每季度跟踪被审计单位审计整改进度，并将审计整改结果报告给银保监部门，让银保监部门能够及时了解审计整改落实的情况和整改进度，巩固委托审计项目成效。

内部审计部门与监管部门的沟通作用很多，不仅可以通过深入的沟通，协助监管部门开展工作，共同促进内部审计部门所在机构业务健康发展，更能借助监管部门的力量，减少内部审计工作的阻力，取得很好的审计成果。

案例：内审借力纪检部门，挖出一贪污窝案

B 教育集团审计部根据年度审计计划，组织开展对其下属职业技术学校的财务收支审计。该职业技术学校有在校学生 900 人，学校各级领导 10 人，教师及职工 80 人。审计人员在对其办公计算机采购的合同进行审计时，发现学校近三年每年都会采购 100 台计算机，采购的型号和数量基本差不多，这引起了审计人员的注意。审计人员又抽查了计算机的台账，看到每年都有相同型号和数量的计算机申请报废，进行核销处理。审计人员将上述情况汇报给主审，主审也觉得不会这么巧，计算机每年都会按时坏掉不能使用，进行报废处理。

主审去问职业技术学校的财务人员，每年购置 100 台计算机是怎么回事，财务人员说，这是学生上课用的教学计算机，每年购置 100 台和报废 100 台是由于以前购置的计算机近三年都需要更换。主审觉得职业技术学校的财务人员说的有道理，但是固定采购和固定报废看起来就是有点怪，而且三年都是一样的情况。

审计人员和职业技术学校高级管理层联系，召开了访谈会，询问学校高级管理层购置计算机和报废计算机的情况，得到的回答是，学校计划计算机用 3～5 年进行统一更新报废，还拿出学校校委会的会议纪要以及向集团公司的报告。审计人员提出查看学校购入计算机的保管和使用情况，以及报废计算机的处置情况，学校配合审计工作的人员说，都在电教室，现在是放假期间，管理教学计算机的老师联系不上。审计人员只能透过窗户看一下，因此不能确定教室内的计算机是否是更换后的计算机。当审计人员要查看报废计算机的情况时，学校配合审计工作的人员说报废的计算机都作为废品处理掉了，具体情况他也不清楚，至于谁清楚情况，他也不

知道。审计人员查看职业技术学校的银行存款，发现每一次采购计算机时，职业技术学校的财务人员都会将款项划给某市计算机销售公司。

审计陷入了僵局。主审召开审计人员会议，经过讨论决定借助集团纪检部门的力量，破开这个局。审计组将审计发现和审计疑点向集团纪检部门进行汇报，请集团纪检部门协助内部审计部门查清计算机采购与报废的具体情况。集团纪检部门启动了纪检与内审的协同机制，听取了内部审计部门的情况介绍和问题分析，提出了集中时间、分散地点、同时对不同的涉及采购、报废、决策、银行资金划转的人员进行问询，问询采取面对面形式，给被问询人造成心理压力，并且采取录音、录像、书面问询记录签字等问询方式，强调问询的严肃性。

问询前，纪检部门与内部审计部门仔细研究了需要问询的问题以及问询的方式，追问的形式和内容，商定了问询设置四个小组，每一个小组有1名纪检人员、1名内部审计人员，纪检人员作为主问询人。通过不同人员的问询，审计组逐渐发现问题的答案与之前不同。比如淘汰的计算机如何处置，审计人员得到的答案是资产管理部门和财务部门并未看到淘汰的计算机，只是书面审批了报废清单，用于走账。关于采购的流程，答案是按照流程发了标书，但是并没有实际走招投标流程，而是在招投标记录上签字，选择被指定的中标企业。纪检人员实地查看了电教室的计算机，发现并没有新计算机。纪检人员与中标计算机公司联系，声称未收到采购的计算机，随后拿着购销合同、银行转账记录到中标的计算机公司提取计算机或者要求退回采购款。中标的计算机公司没有办法，才说出实情。所谓的招投标其实是职业技术学校找到中标的计算机公司，让该公司帮忙走账，并且以采购金额的10%作为回报。中标的计算机公司为了10%的回报，就答应了职业技术学校的要求，以自身的名义参与职业技术学校的计算机采购招标，并且签订了合同，收到职业技术学校的采购款后，留下10%，将剩余部门打给了职业技术学校指定的账户。纪检人员和内部审计人员认真提取证据，复印了中标计算机公司转给职业技术学校指定账户的转账凭证和记录，制作了问询记录。

　　纪检人员拿到上述证据后，询问职业技术学校的财务人员和学校高级管理层成员，在事实面前，他们提供了中标计算机公司转入资金账户的流水。职业技术学校终于承认利用虚假招投标套取经费，将资金存入小金库，用于领导干部消费和管理层员工补贴。

知识链接：联动机制

　　联动机制是指内部审计部门与监管部门、纪检部门、国家审计、董事会、监事会、人力资源部门、风险合规部门、业务部门的联动，利用相关部门特殊的权力地位、资源、专业技能，协助内部审计部门查清事实，落实整改责任，推广审计成果，提升审计质效。

9.2
与外部审计机构的沟通

内部审计与外部审计机构的沟通不可避免。外部审计机构是指国家审计机构和社会审计机构（会计师事务所、税务师事务所、工程造价事务所、律师事务所）等。内部审计与国家审计沟通的内容不仅包括国家审计对内部审计的指导，也包括内部审计与国家审计的协同，二者共享资源、共享成果，提高内部审计的质效，减少审计资源的浪费。内部审计与社会审计的沟通，一方面是内部审计委托社会审计开展审计，解决内部审计独立性和审计资源不足的问题，另一方面是内部审计可以学习社会审计的方式方法，提高内部审计的质量，提高审计人员的业务素质。

案例：内部审计与国家审计协同，充分应用内部审计成果

发挥国家审计与内部审计的协同作用，有利于节约审计资源，实现审计的全覆盖，有效发现并遏制风险。要发挥内部审计与国家审计的协同作用，就必须做好审计项目的协同、审计资源力量的协同、审计成果运用的协同、审计指导监督的协同，推进内部审计工作健康发展。

某市政府为了促进地方经济的发展，需要制订地方金融支持地方经济建设的优惠政策，即贯彻落实国家支持小微企业的政策，促进地方金融机构信贷资金脱虚向实，支持实体经济。为此，市政府责成市审计局组织开展对地方金融机构支持地方经济、落实国家政策的专项审计调查项目（以

下简称"专项审计调查")。由于时间紧、任务重、质量要求高，市审计局就决定采取内部审计与国家审计协同的方式开展专项审计调查。市审计局金融审计处承接了本次专项审计调查，向市内部审计协会和市内部审计指导处发出了协助开展本次专项审计调查的通知。市内部审计协会和市内部审计指导处对市内部审计协会地方金融行业组传达了市审计局准备组织开展专项审计调查的通知精神，要求各地方金融机构内部审计部门积极配合，开展审前调查，提供自查报告。

市内部审计协会成员 C 地方商业银行内部审计部门在接到市内部审计协会和市内部审计指导处关于市审计局组织开展专项审计调查通知后，发现本行内部审计已经开展过重大政策跟踪审计项目，已经发出审计报告及管理建议。C 地方商业银行内部审计部门就将该项目相关资料进行整理，和市审计局的专项审计调查的审计目标、审计范围、审计要点进行比较，并召开内部审计骨干人员和原重大政策跟踪审计项目组成员的会议，评估讨论重大政策跟踪审计项目与市审计局开展的专项审计调查的契合程度。会议讨论内容包括重大政策跟踪审计项目是否涵盖市审计局专项审计调查的主要内容，是否能够满足市审计局专项审计调查的审计目标要求，是否符合市审计局专项审计调查的审计范围，是否完全满足市审计局专项审计调查的审计质量要求等。经过内部审计骨干人员及原重大政策跟踪审计项目组成员评估，他们一致认为重大政策跟踪审计项目与市审计局组织的专项审计调查契合程度非常高，完全可以用 C 地方商业银行重大政策跟踪项目来替代市审计局的专项审计调查，C 地方商业银行内部审计部门就将相关资料汇总，并做了评估分析报告。

C 地方商业银行内部审计部门会同市内部审计协会和市内部审计指导处主动联系市审计局金融审计处，询问能否利用内部审计与国家审计协同机制，减少国家审计对 C 地方商业银行的审计，节约国家审计的资源，充分利用内部审计的成果，降低内部审计及其他相关部门的时间和人力资源耗费。市审计局金融审计处在接到 C 地方商业银行内部审计部门提出的启动内部审计与国家审计协同机制的要求后，也非常重视。市审计局金融审计处听取了 C 地方商业银行内部审计部门对市审计局组织的专项审计调查与 C 地方商业银行内部审计部门开展的重大政策跟踪审计项目的评估情况，仔细阅读了 C 地方商业银行提供的重大政策跟踪审计项目的审计方案、审前调查报告、审计工作底稿、审计事实确认书、审计报告、审计管理建议等资料，听取了市内部审计协会和市内部审计指导处对 C 地方商业银行历年审计工作开展情况、优秀审计项目申报情况以及审计质量控制情况的介绍，并向 C 地方商业银行内部审计负责人及原重大政策跟踪审计项目组主审询问了审计范围的确定、审计问题发现、审计资源的配置、审计的目标实现情况以及 C 地方商业银行董事会、监事会、高级经营层对待审计的态度等问题；市审计局金融审计处还了解了 C 地方商业银行业务部门对待审计发现问题的整改流程，业务发展与支持地方经济、落实国家政策的关系，绩效考核的导向等问题。C 地方商业银行内部审计负责人回答了上述提问，强调 C 地方商业银行内部审计是对 C 地方商业银行党委负责，对董事会、股东负责，接受监事会的监督，具有审计的独立性，实现了内部审计无禁区；审计人员可以接触银行内部的所有资料和数据，对于银行所有的系统都有权查看，可以不受限制接触任何人员，有权向银行党委、董事会汇报审计发现。C 地方商业银行内部审计人员与市审计局专项审计调查负责人员就相关问题进行了深入细致的沟通，并且邀请市审计局对 C 地方商业银行内部审计工作进行评价，对 C 地方商业银行提供的重大政策跟踪审计项目资料及审计成果进行评估，必要时可派专家对市审计局专项审计调查要求的要点进行现场抽样以便核实 C 地方商业银行重大政策跟踪审计项目的审计质量和审计成果。

市审计局金融审计处在与 C 地方商业银行会谈后，就组织审计局专家对 C 地方商业银行提供的审计项目资料和审计成果进行了评估，核对了专项审计调查的具体内容与 C 地方商业银行重大政策跟踪审计项目具体内容的相似程度。评估显示：C 地方商业银行重大政策跟踪审计项目与市审计局专项审计调查可以相互替代，C 地方商业银行的审计成果能够满足市审计局专项审计调查的需要；特别是审计方案的可行性非常强，审计的技术方法、抽样的方式、审计人员的资源配置、审计成果的提炼、审计管理建议都值得借鉴，对其他机构的审计有很强的参考作用，可以复制到其他机构的审计工作中去。同时，市审计局受 C 地方商业银行内部审计部门的邀请，组织市审计局专项审计调查审计组部分成员到 C 地方商业银行进行审计要点的随机数据抽查，现场实施对审计要点的审计核查，将核查结果与重大政策跟踪审计项目审计要点的工作底稿和审计发现问题进行对照。对照结果显示：两者审计结果基本一致，说明了 C 地方商业银行内部审计工作质量可以信赖。至此，市审计局金融审计处决定启动内部审计与国家审计协同机制，利用内部审计的审计成果，不再对 C 地方商业银行进行重复审计，采纳 C 地方商业银行的重大政策跟踪审计项目成果，对于已经处理好或已经整改的问题，不在市审计局的审计调查报告中进行披露，对于好的管理建议予以充分肯定。

市审计局金融审计处为了提高审计调查的效率，借鉴了 C 地方商业银行重大政策跟踪审计项目的审计方案、审计模型、审前调查的模板、审计技术方法、审计的要点、抽样的方法和数量、审计报告和审计管理建议。市审计局金融审计处还修订完善了市审计局专项审计调查的审计方案，进一步明确了审计的方向，加大了可能存在问题的审计要点的抽样量。市审计局金融审计处聘请 C 地方商业银行内部审计人员作为市审计局专项审计调查外部审计专家，指导国家审计人员开展具体审计工作，解决金融领域的政策性问题和金融业务的复杂专业问题。市审计局金融审计处还请原 C 地方商业银行重大政策跟踪审计项目审计组成员对市审计局专项审计调查审计组成员进行了审计方法、审计要点、审计成果提炼、审计模型、审计数据分析等方面的培训，有针对性加深国家审计人员对地方金融机构的了解和积累金融审计方法的应用经验。

内部审计与国家审计的协同，使 C 地方商业银行免除了重复审计的人力与物力的投入，节约了时间，检验了内部审计的质量；同时也顺利推进了市审计局专项审计调查的开展，快速地取得审计方案、审计方法、审计经验、审计成果的协同效果，保质保量地完成市政府的审计调查任务，解决了审计资源投入不足、审计覆盖不全的问题。

知识链接：内部审计与国家审计的四个协同

1. 项目计划协同。

为了推进项目计划协同，国家审计机关应建立项目计划协同机制，拟定项目计划协同的制度流程，负责搭建项目计划协同的平台。一是按照行业和管理层次，对协同立项的项目信息进行分类收集和汇总。结合国家审计的项目计划安排，拟定出台省、市、县年度分类和分行业的内部审计工作指导意见，指导各级内部审计机构编制项目计划，做到国家审计项目和内部审计项目相互补充，既实现资源节约又实现审计项目的全覆盖。二是审计机关组织开展内部审计同步、交叉和互动审计项目，在引导和推进内部审计项目计划时，指出国家审计关注的审计项目，协同内部审计和国家审计从不同的角度，开展同一审计项目，更全面地揭示风险。三是审计机关组织内部审计机构之间进行项目计划交流，组织行业小组开展项目计划编制讨论会，倾听同行业内部审计机构的项目立项意见，更能合理安排审计项目，做到审计项目计划更加符合实际。

2. 资源力量协同。

建立资源力量的协同机制，可以有效地解决国家审计覆盖不到、内部审计技术力量不足和信息资源不全的问题。一是人力资源的协同。国家审计和内部审计相互参加各自的审计项目，建立省、市、县三级的审计人员资源库，审计人员按照专业特长进行分组，设立行业、专业专家委员会，重点进行特长的使用和特长的交流，解决审计开展过程中遇到的疑难问题。二是技术资源的协同。应着力打造审计技术共享平台，交流和指导使用计算机审计技术和模型，使用交叉检验技术等，将审计模型和查证技术进行共享，提高审计人员的审计技术能力。三是信息资源的协同。建立信息资源的共享平台，将征信记录、工商信息、地区政策、法院执行情况、纳税信息等整合起来，在信息安全的情况下，实现审计信息的共享，提高审计效率和效果。

3. 成果运用协同。

建立成果运用的协同机制，可以有效地解决审计资源不足、审计成果孤立，不能共享的问题。一是建立和完善审计成果共享制度。由国家审计机关牵头制订审计成果共享的制度和操作流程，将国家审计和内部审计的成果，根据行业和管理层次进行汇总，将发现的普遍性问题进行加工处理，剔除敏感性信息，编辑成案例库和问题库，供所有审计机构和人员查阅和学习。二是引进激励机制。对于内部审计发现的事实清楚、定性准确、结论明确的审计结果，国家审计经核实后应予以采信，不再进行审计；对于内部审计已经发现并纠正的问题，不再在国家审计报告中反映。三是建立完善内部审计信息专报制度。内部审计机构将内部审计开展情况和审计中发现的问题，定期报送给内部审计监督指导机构，供国家审计参考；同时，内部审计监督指导机构对于普遍存在的问题，出台指导意见，促进全部内部审计机构对普遍问题引起重视。四是建立风险清单督导制度。根据不同行业和部门推行不同模式的风险预警清单告知和督导试点，根据发现的典型性、普遍性、倾向性问题，结合国家审计的重点内容，分类编制风险预警清单，各内部审计部门结合清单内容开展内部审计，加强预防工作，实现自我监管。

4. 指导监督协同。

建立指导监督协同机制，有利于促进内部审计工作的完善和内部审计人员审计能力的提升。一是建立多元化、分层、分类的培训体系，让大家学有所需，取长补短，提升审计人员的业务素质。二是完善内部审计指导联络制度。设立内部审计指导联络员，构建内部审计指导网格化管理体系，变垂直管理体系为立体化、网格化管理体系，发挥内部审计联络员的承上启下、左联右协的作用。三是组织指导监督内部审计项目工作。建立项目质量评审体系和控制标准，组织开展内部审计项目质量评价和优秀审计项目评审，指正内部审计项目开展过程中存在的问题，交流优秀审计项目实施的经验，提升审计项目质量。四是建立内部审计工作情况报备和通报制度。内部审计机构以项目报告书和审计问题备案书的形式，向国家审计机关报告内部审计开展情况。同时，为推进内部审计机构之间的交流和共同进步，组织内部审计机构之间开展结对活动，共同开展活动，共享资源，促进内部审计工作的开展。

案例: 与会计师事务所沟通, 实施内部审计职能的外包

东海集团是一家集服装生产、白色家电生产、航运、金融股权投资、房地产等业务于一体的集团公司, 年销售收入达到 1 500 亿元。董事会为了充分了解新业态的运行情况, 及时掌控新业态对集团公司运营造成的影响, 委托集团审计部在制订年度审计计划时, 增加对收购的金融信托公司的全面审计。集团审计部经过研究, 准备对金融信托机构进行高管履职审计、内部控制审计及业务运行情况专项审计, 集团审计部在审计资源评估中发现审计部审计人员缺乏对金融信托公司的审计经验, 对金融信托业务不熟悉, 对审计流程以及要点不了解。审计部本身审计人员力量不足, 不能很好地开展对金融信托公司的审计工作。为了提高审计工作质量, 董事会虑到将内部审计职能外包给社会中介机构。

东海集团审计部根据《东海集团委托外部审计管理办法》的要求, 从集团外部审计师名单库中选取具有金融审计资质和经验的会计师事务所。东海集团招投标管理部门根据集团审计部的要求向选出的会计师事务所发出关于委托外部审计开展金融信托公司高管履职审计、内部控制审计以及业务运行情况专项审计的招标书, 邀请符合资质的会计师事务所参加金融信托公司审计招标工作, 招标书明确了审计的范围、审计的目标、审计的时间要求、审计的重点及审计质量要求。

东海集团审计部在招投标前, 组织集团业务管理部门、风险控制部门、审计部门、外部审计专家, 听取拟报名的会计师事务所的审计方案及审计经验的介绍, 让集团审计部事前了解外部会计师事务所的团队情况、金融信托审计经验、本次审计可能的方案思路、审计资源的投入情况等, 综合评估会计师事务所的资质情况。东海集团要求会计师事务所等外部审计机构应当具有独立性、专业胜任能力和良好声誉。具体要求包括: 在形式和实质上均保持独立性; 具有与本集团所审计资产规模、业务复杂程度等相匹配的规模、资源和风险承受能力; 拥有足够数量的具有与被审计业务相关的审计经验的注册会计师, 具备专业胜任能力; 熟悉被审计行业的

法律法规、业务流程、内部控制制度以及各种风险管理政策；具有完善的内部管理制度和健全的质量控制体系；具有良好的职业声誉，无重大不良记录。会计师事务所存在下列情况之一的，本集团不宜委托其从事外部审计业务：专业胜任能力、从事被审计单位行业审计的经验、风险承受能力明显不足的；存在欺诈和舞弊行为，在执业经历中受过行政处罚、刑事处罚且未满三年的；与被审计机构存在关联关系，可能影响审计独立性的。集团审计部及邀请的专家和其他部门的骨干就审计的具体事项以及相关问题与会计师事务所的注册会计师进行了充分的交流，被邀请专家及业务骨干对每一家会计师事务所的工作经验、资质能力、胜任情况、可能遇到的问题、需要关注的问题进行了深入的讨论，并给出了参考意见，形成书面的会谈纪要，作为招投标工作的参考资料或者参加投标的注册会计师需要回答的问题。

东海集团招投标部门组织开展集团审计职能外包项目的招投标工作，按照流程确定符合资质的会计师事务所作为本集团金融信托公司高管履职审计、内部控制审计以及业务运行情况专项审计的外部审计机构。

集团审计部与通过招投标选择的会计师事务所进行审计项目具体细节的沟通，就本次审计的目标、审计范围、审计方式、审计时间、会计师事务所审计资源的投入、注册会计师的数量、审计的现场时间、审计的项目时间、审计的要点、审计的方式、审计的成果以及保密条款进行讨论，并且讨论了会计师事务所提交的审计方案。集团审计部提出本次审计的具体要求，指出需要会计师事务所重点关注的业务、流程、人员和交易等，提供可能需要的参考资料。入选的会计师事务所修订完善审计方案、明确审计责任，将审计要求写入集团内部审计职能外包合同，签订金融信托公司高管履职审计、内部控制审计以及业务运行情况专项审计的委托合同。

集团审计部在与会计师事务所签订业务约定书后，及时审核会计师事务所提交的审计方案和审计要点，向集团审计委员会报告聘请会计师事务所的情况，申请审计委员会批准会计师事务所开展金融信托高管履职审计、内部控制审计及业务运行情况专项审计，批准会计师事务所提交的审计方案和审计要点。集团审计部负责指导和监督会计师事务所进行审计工作，提供必要的审计场所，配置审计所必需的计算机和开通所需要的审计权限，督促被审计单位各方及时提供所需要的审计资料，监督会计师事务所参与审计项目的外部审计师签订保密协议，协助会计师事务所解决审计中存在的与被审计单位沟通的难点问题。集团审计部跟踪会计师事务所审计的进程，及时了解审计发现，把控审计的质量和节奏，要求会计师事务所定期和不定期汇报审计工作的进度和发现的问题。

为了保证会计师事务所的独立性，除在选择外部审计机构时考虑独立性外，集团审计部还和外部审计机构约定，审计费用由集团审计部统一结算，并且要求被审计单位只向外部审计人员提供必要的现场审计场地，不得宴请外部审计人员、给他们送礼物，食宿由外部审计机构自理。在保证外部审计机构的独立性和商业秘密不泄露的情况下，集团审计部极大限度地向外部审计机构开放审计范围，使外部审计人员有机会接触更多的资料和数据，增强其判断的科学性和有效性，真实反映被审计单位在经营中存在的问题。

在审计进点会议中，集团审计部与会计师事务所就具体审计事项和被审计单位沟通，沟通的内容包括：审计目的、审计范围、审计方式、审计时间、审计人员工作安排、审计基本流程、审计方法及其他审计内容；对于需要被审计单位提供的审计资料、安排可以沟通的人员、协助外部审计人员工作的要求和协调机制等，约定定期沟通的时间和沟通的形式；被审计单位提供高管履职情况的报告、个人述职报告、业务分工、管理层声明、承诺等材料。

会计师事务所根据审计方案开展审计工作，将审计的进度和审计发现的重要问题，以书面的形式向集团审计部报告。集团审计部根据会计师事务所的审计进度和审计发现问题的情况，进行跟踪评价，及时就需要关注的问题提示会计师事务所。

现场审计结束时，会计师事务所将现场审计情况汇总反馈给集团审计部，并且就审计发现问题与被审计单位进行沟通，征求被审计单位意见，被审计单位签署审计问题反馈意见。会计师事务所将使用完毕的账册、资料、重要设备、工具返还给被审计单位，办理好重要资料和物品的交接手续。

会计师事务所就审计报告、审计问题、审计管理建议与被审计单位管理层以及集团审计部进行审计结果沟通，取得一致意见；对于不能达成一致意见的，提请审计委员会及外部审计专家进行鉴定，给出建议。审计结果沟通需要有书面的沟通记录，并经双方签字确认。内部审计人员根据外部审计的结果开展后续审计跟踪工作，监督被审计单位整改。

为保证内部审计职能的落实，不让外部审计流于形式，集团审计部会开展外部审计质量跟踪评价。集团审计部根据《内部审计具体准则第13号——评价外部审计工作质量》，建立了内部审计对外部审计的跟踪监督制度，对审计外包机构的审计计划、流程、报告、质量开展监督评价，考核外包机构的工作能力和专业化水平，并将其作为判断外部审计机构能否承接业务的依据，杜绝外部审计机构只收钱无效果的问题。

为了扩大内部审计职能外包的实施效果，积极利用外部审计成果，集团审计部建立了审计资料交流平台，使内部审计和外部审计成果共享，努力做到当年审计项目和范围不交叉，共享审计记录。集团审计部还建立了内部审计和外部审计案例库，在外部审计的基础上，内部审计根据董事会、监事会和管理层的要求，积极做好外部审计问题的整改落实工作。对于牵涉制度和普遍性的问题，集团审计部积极整理和梳理，进行分析研究，从制度完善、流程改造、科学决策方面扩大审计成果的应用。

9.3
与被审计单位客户的沟通

内部审计在开展审计工作中，毫无疑问会涉及被审计单位的客户，需要向被审计单位的客户进行函证、调查、访谈，从而做好被审计单位客户的资产、负债等事项的确认工作。

与被审计单位的客户沟通是内部审计获得审计证据的必要手段，是内部审计开展审计工作的必经流程，需要引起内部审计部门和审计人员的高度重视。

案例：实施银行函证，巧识资金挪用骗局

根据年度审计计划，远大地产公司审计部对远大地产公司望江小区项目部进行销售资金管理专项审计。审计人员对远大地产公司望江小区的销售情况进行了审计，对望江小区楼盘的总体情况进行了解，核对了销售记录，核实了销售的收款情况，没有发现销售后不及时收款的情况。审计人员盘点了未销售的楼盘，查验了不动产销售的网签登记情况。未发现异常。审计人员取得了银行的对账单和望江小区项目部银行账户的明细记录，并进行了校对，结果是明细一致，余额一致。经审计人员核对，银行对账单银行印章齐全，经办、复核人员签名齐全。

知识链接：银行函证

　　银行函证是向银行发函询证银行存款、银行借款、托管证券、应付票据等情况，金融机构应当按照财政部、中国人民银行有关文件要求作出确证答复。根据《银行函证及回函工作操作指引》（财办会〔2020〕21号）的规定，在实施银行函证过程中，注册会计师应当直接发出银行询证函并直接从被询证方获取书面回函，并始终对银行询证函的全过程保持控制，包括确定需要确认或填列的信息、选择适当的被询证者、设计询证函、发出询证函并予以跟进。

　　审计人员和远大地产公司望江小区项目部财务人员和出纳人员进行了谈话，财务人员和出纳人员表示：望江小区项目部财务制度健全，各项资金进出都遵照远大地产公司财务制度执行；付款获得望江小区项目部负责人的审批，并做好付款登记；收款及时入账，每个月都开展对收款的对账工作，并有对账记录和编制银行存款余额调节表；出纳和会计严格按照不相容岗位分离原则进行设置，核对了记账凭证和账簿，两者一致。

　　审计人员就远大地产公司望江小区项目部银行存款近三个月的月底余额向该项目部开户银行某商业银行望江支行进行了电话核对，银行给出的近三个月的银行账户余额和望江小区项目部记录的银行账户余额一致。审计人员据此得出审计结论：远大地产公司望江小区项目部资金进出正常，未发现违规情况。审计人员整理了审计工作底稿并撰写了审计报告，然后提交远大地产公司审计部审计质量控制小组进行审核。审计质量控制小组在审核审计人员提交的审计工作底稿时发现，审计人员对银行账户没有实施函证程序，就去问审计人员具体的情况。

　　审计人员回答审计质量控制小组："审计组对银行账户余额已经和开户银行进行了核对，余额一致；对印章及经办、复核人员签名齐全的银行对账单和银行账户的明细进行了核对，两者一致；对财务人员进行访谈未发现异常。因此，审计组没有再向望江小区项目部开户银行进行发函核对，况且向银行函证不是内部审计必须做的工作。"审计质量控制小组听了审计人员的回答，认为审计人员的做法合理，且做了相应的替代程序，获得的审计证据基本可靠。审计质量控制小组的人员本着对审计质量控制的目的，认真复核银行账户的流水，也没有发现任何疑点。当审计质量控制小组的人员连续看了将近一年的银行账户流水后，一个现象引起了审计质量复核小组人员的注意：每一个月望江小区项目部银行账户的余额都很大，金额达到几亿元，这么多的资金，为什么会长期留存项目部银行账户？在远大地产公司对每一个项目部都进行经济效益考核的今天，留存大额低息银行账户资金与项目部经济效益考核相矛盾。

审计质量控制小组人员发现疑点后，就询问项目审计人员。项目审计人员听到审计质量控制小组人员的疑问，也很惊讶，审计时并未注意到这个细节。项目审计人员立即联系了望江小区项目部财务人员，财务人员解释说："由于望江小区楼盘卖得很好，每个月统计销售的工作量大，办理好销售手续后，才能将销售款转给总公司，所以留存在项目部的银行存款较多。另外，由于银行为项目部融资和收款付出了很多努力，派出了专业的团队来服务，所以作为回报，项目部就在银行多存一些资金，帮助银行完成考核指标。"

审计人员觉得望江小区项目部财务人员的理由看似很充分，但是其做法与自身的绩效考核相矛盾，望江小区项目部即使需要考虑上述因素，也不会留存太多资金。审计人员决定实施函证程序，制作了银行询证函，亲自携带到银行进行函证，并采取积极函证的方式。函证内容不仅包括银行存款余额，而且包括一年的账户流水。望江小区项目部财务人员知道审计人员要对银行存款进行函证后，主动要求让银行工作人员上门回函，审计人员拒绝了望江小区项目部财务人员的要求。随后，望江小区项目部财务人员主动要求与审计人员一起进行函证，审计人员同意。审计人员始终控制银行函证，亲自到银行的会计结算部门办理函证的手续，等待银行工作人员打印银行账户流水。最终，审计人员拿到银行盖章的银行函证书以及银行账户流水。

审计人员回到审计组将从银行获得的银行函证书与以前取得的银行对账单以及银行存款账户余额进行核对，数额一致。审计人员在对银行账户流水与之前获得的银行对账单明细以及银行账户明细进行核对时发现，银行账户流水中一年内每个月都有两笔收支，金额都是 3 亿元，而之前取得的银行对账单与银行账户明细没有，而且这两笔收支都是月初转出、月末转入。审计人员又拿出亲自从银行获得的银行账户流水与望江小区项目部提供给审计组的银行对账单进行核对，发现纸张不同、打印的字体不同、油墨不同、银行印章都是在同一个位置等疑点，于是询问望江小区项目部财务人员。在证据面前，望江小区项目部财务人员承认：3 亿元资金经过项目部领导同意，用于民间借贷获得高额利息，为了应付审计检查，采取月初转出、月末收回的方式；提供给审计组的银行对账单是伪造的，且之前用这种做法应付了很多次内外部审计。

本次审计多亏了审计质量控制小组人员的细心，发现了银行账户余额较大，与实际绩效考核不相符的疑点；审计人员在此基础上采取了函证程序，亲自控制函证，取得一手审计证据，才能查明真相。

案例：积极访谈客户，获得可喜的审计证据

内部审计开展工作离不开从被审计单位的客户处获得审计资料，来验证被审计单位提供资料的真实性，了解被审计单位客户的资信状况。东海集团审计部正在开展对下属服饰有限公司的审计，核实其销售收入的真实性。东海集团审计部组成了审计组，制订了较为详细的审计方案。

审计组调阅了服饰有限公司销售的合同和记录，列出了应收账款的情况，查看了销售出库情况和运输情况，核实服饰生产情况。审计组针对应收账款余额超过 100 万元的账户或者当年发生额超过 100 万元的账户都制作了询证函，采取积极的函证方式，获得销售真实性的证据。在此基础上，审计人员主动对重要销售商进行电话访谈，了解销售合同签订和销售款给付情况，核实应收账款的金额，评估应收账款客户的资信情况，对于

超过账龄的查看是否及时确认信用减值损失。审计人员认真统计函证情况，对于未回函的账户采取进一步审计措施。

审计组为了加强审计质量控制，对于应收账款比较多的销售商进行了实地走访，根据销售合同留存地址和网上信息或工商登记机构登记资料核实销售商是否真实，地址是否正确。确定销售商地址后，审计人员就主动到销售商办公地点，了解服饰销售情况、应收账款可能的偿还情况。一组审计人员到了一家应收账款比较多的销售商的卖场，发现卖场基本没有顾客，营业人员也很少。审计人员和营业人员聊天，问卖场的营业人员："卖场的生意如何，每天能卖多少？"卖场营业人员说："我们都快失业了。一天也卖不出多少货，卖场已经转让了，听说老板将最近进的货都用来还债了。"审计人员为了进一步核实，找到卖场的房东，了解到卖场确实已经转让，卖场准备做餐饮。审计人员到销售商的办公室，发现销售商办公室有很多催债的人在等销售商的法人代表。销售商的开户银行也在核实销售商的资产和负债情况，冻结其银行账户里的资金，用来偿还银行的贷款。审计人员认为，销售商已经资不抵债，服饰有限公司应收账款收回的可能性非常小，应该确认信用减值损失。

另一组审计人员到了另一个比较大的销售商处，看到这个销售商生意还是不错的，顾客很多，口碑也不错。审计人员和销售商进行了访谈，查看了销售商的销售流水、员工工资支出情况以及银行付息情况，了解销售商的资信情况和现金流情况。审计人员肯定了该销售商的还款能力，认为销售商不存在信用风险。审计人员希望到销售商的仓库看一下，销售商同意，一行人到仓库看销售商存货。审计人员发现，仓库中东海集团的服饰产品特别多，就问陪同的仓库保管人员，仓库保管人员说："我们和东海集团的服饰销售采用代销方式，卖多少就付多少款。东海集团销售部门有业绩考核任务，让我们多进一些货，提提他们的销售业绩。"审计人员通过实地访谈，了解到东海集团服饰有限公司为了业绩考核，利用代销的方式多运送产品到销售商，内部则以赊销的方式虚增销售收入，属于严重的舞弊行为。

第 10 章

内部审计的人际冲突及其化解

一个成功者和一个失败者的差别，并不在于知识和经验，而在于思维方式。

——陆登庭

10.1

内部审计人际关系为什么如此重要

案例：为什么不欢而散

公司质量管理部经理老吕在质量管理的总体目标、步骤、措施等方面与审计部主任老张有不同看法。老吕认为，质量管理的重要性在公司上下并未得到充分重视；老张则认为，最高管理层还是十分重视产品质量问题的，只是老吕的质量控制方案成本太高且效果不好。最近一段时间，这种矛盾呈现激化现象。老张将这种情况告知公司总经理。

一天上午，老吕接到公司总经理的电话，通知他去北京参加一个为期10天的管理培训班。老吕认为自己主持的质改推进计划正在紧要关头，一时脱不开身，公司领导应该是知道这个情况的，他们做出这样的安排显然是老张捣的鬼，因为老张不支持甚至阻挠自己的工作。因此，老吕不仅拒绝了领导的安排，还发了一通脾气。公司总经理也十分恼火，认为老吕刚愎自用，双方不欢而散。

案例思考：这里出现的沟通失败的原因是什么？老张与老吕各有什么问题？

人际关系的含义

人际关系是人们在社会生活和生产活动中所建立的一种心理上的直接

联系，它表现为亲近、疏远、友好或敌对等，反映着人们寻求满足需要的心理状态。内部审计中的人际关系，是指内部审计人员与组织内外相关机构和人员之间的交往与联系，这种交往与联系既包括与组织内部主要负责人、高层管理者、被审计单位、其他相关职能部门及职员之间的关系，也包括与组织外部审计机关、社会审计机构、税务机关、往来银行、法律顾问、专家等之间的关系。内部审计是一项交互性极强的工作，内部审计工作的顺利开展需要各部门的积极配合。因此，良好的人际关系是内部审计取得成功的重要因素之一。

搞好人际关系的意义

搞好内部审计中的人际关系，其重要意义主要表现在以下几个方面。

第一，有利于内部审计工作取得组织内外相关机构和人士的理解和配合，以及降低信息不对称和模糊程度，提高审计效率。在内部审计实际工作中，内部审计部门与被审计单位之间、审计机构与高层管理者之间以及内部审计与外部审计之间，常常由于缺乏恰当的沟通，而出现大量信息不对称以及信息模糊或不客观的情况。这些问题极易造成误解、增加工作中的阻力、降低工作效率，甚至导致管理者的决策失误。因此，搞好内部审计中的人际关系，首先是为了及时、准确地传递相关信息，取得相关组织机构和人士的理解和配合，保证内部审计工作的顺利、高效进行。

第二，有利于确保审计结论有效发挥作用，增强审计效果。客观、恰当的审计报告需要在组织内外相关机构和人士的帮助下才能得出，审计结论的贯彻执行以及审计结果的充分利用都有赖于组织内外相关机构和人士的支持和配合。

第三，建立良好人际关系的最终意义在于维护组织的利益。内部审计的根本目的是提高经济效益，维护组织利益。搞好内部审计中的人际关系也是为这一目的服务的。"内部审计具有服务上的内向性，服务对象的对内是指内部审计人员是本单位的审计监督者，也是领导的重要参谋，内部审计只对本单位的管理者负责。"可见，内部审计是立足于组织内部的审计工作，内部审计人员应当维护组织利益而不是其他利益。内部审计人员应当从全局的角度出发进行人际交往，在综观全局、均衡各部门经济利益的基础上，保证组织整体的利益，不能为了个人、小集体的利益而损害组织的整体利益。

正因为内部审计的人际关系非常重要，所以，内部审计具体准则中单独设置了《第 2305 号内部审计具体准则——人际关系》。

10.2 内部审计人际冲突的产生

　　人际冲突是在一个人或一个组织阻碍了另一个人或另一个组织的目标实现时发生的一种对抗。内部审计的工作性质使内部审计人员遇到人际冲突在所难免。但是内部审计人员不是专门以审查和评价别人的差错和失误作为根本目标，而是以提高组织利益和帮助被审计者有效地进行管理为根本目标。因此，内部审计人员，特别是内部审计部门负责人要对审计中可能发生的冲突性质进行全面细致的分析，了解冲突发生的根源，尽量缓和与避免破坏性冲突的发生，及时、妥善地化解人际冲突，通过沟通解除分歧和误会，寻求利于双方的解决途径，以保证审计工作顺利进行，加强审计成果的综合利用效果；同时要积极引导和发展建设性冲突，以使组织始终保持和谐、活泼的状态。

导致内部审计人际冲突的原因

　　内部审计中导致冲突的原因是多方面的。例如：内部审计人员与被审计者缺乏必要的、及时的信息沟通导致的冲突；内部审计人员与被审计者知识、经验、观念等方面的不同，对同一事物的评价就会出现分歧和冲突；内部审计人员与被审计者的价值观或利益观不同，导致利益方面的冲突；内部审计人员与被审计者职业道德信念的差异导致的道德冲突等。

人际冲突的积极作用与消极影响

一、人际冲突的积极作用

冲突如果得到妥善处理，可能产生正面的作用：

（1）促进问题的公开讨论；

（2）促进问题的尽快解决；

（3）提高成员在组织事务中的参与程度；

（4）增进冲突双方的沟通与了解；

（5）化解双方积怨；

（6）能激发成员的创造力，给组织带来活力，避免个人停滞不前；

（7）能够宣泄双方的愤怒与敌意，避免过度累积各种负向情绪，最终发展到不可收拾、关系破裂的地步。

二、人际冲突的消极影响

冲突如果处理不好，将可能产生负面的影响：

（1）影响冲突双方的心理健康；

（2）造成组织内部的不满与不信任；

（3）使组织内相互支持、相互信任的关系变得紧张；

（4）导致成员和整个组织变得封闭，缺乏合作；

（5）破坏团体中的凝聚力；

（6）阻碍组织目标的实现。

总之，人际冲突不一定是坏事，但是人际冲突必须要化解，否则就会带来彼此关系的紧张和压力，并可能使当事人经历失望或气愤等负面情绪；而如果能够有效地化解冲突，则冲突除了有助于宣泄不满之外，还可以使双方的关系更加亲密，并且促进个人的成长和需求的满足。

人际冲突的类型

按照冲突发生的层次来划分，冲突可以分为五个层次：个体内心冲突、人际关系冲突、小组冲突、组织内冲突及组织与外部的冲突。

一、个体内心冲突

内心冲突通常涉及目标冲突和认识冲突。

1.目标冲突。目标冲突指的是积极的和消极的两种结果间的相互作用。目标冲突包括三种基本类型。

（1）"取－取"冲突。在这类冲突中，个体必须在两个或两个以上的具有积极效果的机会中做出选择，如对两个都具吸引力的工作做出选择。

（2）"舍－舍"冲突。在这类冲突中，个体必须在两个或两个以上的具有消极效果的选项中做出选择，如"两害相权取其轻"。

（3）"取－舍"冲突。在这类冲突中，个体必须决定是否接受既有积极结果也有消极结果的事情，如接受一份效果很不错，但风险很大的项目。

管理者在每天的决策中常常涉及解决内心冲突的取舍冲突。当现实中处理冲突的途径存在太多的选择，或者冲突处理结果的积极因素与消极因素相当时，内心冲突会表现得更加激烈。

2.认识冲突。当个体意识到其想法、态度、价值观以及行为与现实存在分歧时，便产生认识冲突。认识不一致的情形不断出现，常常让人感到紧张和不适。若要淡化这种不适的感觉，可以通过改变自己原有的想法、态度、价值观和行为，或者设法获得更多有关引起冲突的信息，以寻求解决这种冲突的途径。

在许多重要的个体决策中，目标冲突与认识冲突并存。一般来说，决策前目标冲突越激烈，决策后认识冲突就越严重。尤其是当我们已经知道被采纳的方案具有消极（舍）的因素，而被否定的方案具有积极（取）的因素时，决策难度就更大。

二、人际关系冲突

一般而言，人际冲突可以描述为个体在达到目标的过程中察觉或经历挫折的情形。

一项对 500 家公司的 179 名被解雇的总经理的调查发现，由于缺乏人际沟通技能而被解雇的达 54%，因决策失误而被解雇的只占 31%，其他原因的占 15%。

人际冲突指的是人与人之间在认识、行为、态度及价值观等方面存在着分歧。我们可以通过管理学中的一个经典的例子——"囚徒困境"来解释这种冲突。

两名嫌疑人被分别关押起来，当地的检察官知道他们犯有某种罪，却没有足够的证据判定他们有罪。在检察官面前，这两名嫌疑人必须做出选择：要么招供，要么不招供。现在的情况是：如果他俩谁都不招供，两人所受的惩处都不会太重；如果他俩都招供，那么两人都将依法受到严惩；如果一个人招供，另一个人不招供，招供者轻判，不招供者重判。这两名嫌疑人作案前曾商定都守口如瓶，这样他们可以得到最少的刑罚。但是，被逮捕后，他俩左思右想，越想心里越不踏实：万一对方招供了，自己不招不就会被重判了吗？于是，最终的结果是：两人都招供了。

这种情形具有人际冲突的许多特征。首先，每个人的结果取决于他人做什么；其次，这一困境强调了个人行为和联合行为的差异。对每个人来说，采取招供的态度对自己最有利，要想得到最好的结局，最佳的选择却是两人都不招供。这一困境隐含了人际沟通中一个很重要的基础，即相互信任。

三、小组冲突

小组冲突指的是小组内的成员相互发生矛盾，这种矛盾常常会影响小组的工作效率。小组内任务的分配以及小组成员的情绪变化对冲突的产生都有影响。

与人际冲突的情形相似，小组冲突可以通过冲突中的行为和冲突最后

的结果来观察。小组冲突的破坏性通常可以由群体凝聚力的下降或在实际
冲突结束一段时间后群体所表现出来的工作效率降低展现出来。例如，有
一家颇具规模的电子公司，下设一个研究所，所里有一支由10名博士组
成的精干的研究队伍，负责开发新产品。然而，不久前，研究所里的2名
主要成员不同意参与某种新产品的开发，在没有得到所里其他成员支持的
情况下，就带着2名助手自行其是。所里的其他成员为此找到项目经理要
求做出裁决。但是项目经理优柔寡断，唯恐因支持一方而疏远另一方，因
而迟迟未做决断。几个星期后，一个曾经很有效率的群体停止了合作，其
中的4名主要成员开始寻找新的工作。这个群体因意见不统一而瓦解。

四、组织内冲突

组织内冲突主要分为两种：纵向冲突和横向冲突。

纵向冲突指的是组织内不同级别之间的冲突，这类冲突常常是上司控
制过于严格导致下属不服而产生的。下属之所以反抗，是因为他们认为上
司控制太多而侵犯了自己的工作主动权。纵向冲突的产生也可能是因为缺
乏沟通、目标不一致或观念不一致。

横向冲突指的是组织内相同级别的部门之间的冲突，产生这种冲突的
主要原因是各部门只考虑自己部门的利益而不顾及其他部门利益的本位主
义。在这些部门间，目标不一致可能导致目标冲突。另外，各部门中员工
与员工之间的态度差异也会导致冲突。

组织内冲突不仅存在于人与人之间，也存在于同一组织中的各部门之
间，例如在报酬公平性和福利计划等方面由于利益不平衡而产生冲突。

五、组织与外部的冲突

组织在发展过程中与其竞争者、政府部门、社区、媒体、利益相关者
等外部社会之间，由于目标、利益的不一致而发生各种各样的更为错综复
杂的冲突。

案例：遇到居功自傲的员工怎么办

　　审计部经理汪伟正和下属李明谈话，这是对李明工作经常迟到的第二次警告。李明争辩道，在同事中，他做的工作最多。汪伟知道李明是一名很好的员工，但不能容忍他违反公司的制度。

　　汪伟："小李，知道今天早上为什么叫你来吗？上个月我们讨论过你的问题，我认为你正在努力改进，但在检查月度报告时，我发现你本月迟到了四次。这说明你根本没把我们的谈话当回事。小李，你的工作很努力，成绩也有目共睹，但你的态度有问题。我再也不能容忍你这种行为了。"

　　李明："我知道我们上个月谈过，我也努力准时上班，但是最近交通非常拥堵。工作的时候我是十分投入的，部门交给我的事情，我都能较好地完成。你应该多注意我的工作效率，与我们部门的老王相比，我做的工作比他多很多。"

　　汪伟："现在不谈老王的事，只谈你。"

　　李明："不，应该谈谈老王和其他几个同事的事。我比大多数同事做得好，却在这里受批评，这不公平。"

　　汪伟："小李，我承认你的工作很出色，但公司的制度也很重要。你平均每个月迟到 4 ~ 5 次，太不应该了。我该怎样处置你呢？我真的不愿使用正式的警告，你知道那意味着什么。"

　　李明："是的，我了解正式警告，以后会更加注意。但我认为自己比别人工作努力，应得到回报。"

　　汪伟："如果没有这些问题，你的出色业绩会得到回报的。如果你想得到更多的报酬或被提升，你就应按时上班，遵守公司的规章制度。"

　　李明："我认为你是对的。但是，对于你这样的处理方式我仍持保留态度。"

　　汪伟："小李，你有选择的权利。如果你下个月的记录仍不好，我将使用正式警告。"

李明："好的，但我还是认为不公平。"

案例思考：

1. 汪伟在处理李明这件事时有何不妥？

2. 谈话结果如何？为什么？

3. 假如你是汪伟，你将如何做？

10.3 / 人际冲突的化解

人际冲突产生的原因

一项关于管理者的调查表明，工作产生冲突的主要原因有：（1）误解；（2）个性差异；（3）观念；（4）工作方式与方法的差异；（5）缺乏合作精神；（6）工作中的失败；（7）目标的差异；（8）欠佳的绩效表现；（9）对有限资源的分配；（10）文化及价值观的差异；（11）工作职责方面的问题；（12）没有很好地执行有关规章制度。

但是，真正造成人际冲突的根本原因是人与人之间观念的差异。观念作为人们对客观世界的看法，是对事物的一种高度抽象，是相对稳定的，而且一旦在人们头脑中形成就不会轻易改变。由于人们成长的环境、受教育的背景、工作经历、年龄等的不同，所以形成的观念也各有差异。导致观念差异的主要因素包括个体的经历和成长背景、对话语的理解、对情感的反映、固有的偏见等。

根深蒂固的观念往往会使我们在人际交往中急于下结论，变得武断，混淆观点与事实。因此，要有效处理人际冲突，化解人际冲突，首先应了解自己的观念，保持清醒的头脑，以对事物做出正确的判断。

冲突的过程

我们可以将冲突想象成一个过程，并通过了解这个过程来分析某个特定的冲突。图 10-1 显示，冲突过程大致可分为五个阶段。

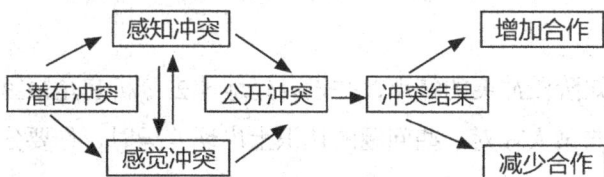

图 10-1　冲突过程

一、潜在冲突

潜在冲突是指在组织和个体关系所处特定环境中潜伏着但尚未凸显出来的冲突，大多出现在责任与权利的分配、目标控制和追求目标时的行为等方面。这些因素对组织的运作非常重要，但是，组织很少能在所有成员都同意的情况下做出决议。换言之，组织的日常运作会引起意见分歧和冲突。潜在冲突包括以下三个方面。

1. 沟通方面。语义理解困难、误解、相互间缺乏沟通或沟通过于频繁，以及沟通渠道中的噪声等，都会引起冲突。

2. 组织方面。分配给小组成员的任务大小、小组的工作目标、领导的风格、奖励制度以及小组的独立性等都会引起冲突。

3. 个体因素。个人的价值观不同也会引起冲突。例如，一个上司可能对其下属的错误持宽容态度，而这个上司可能正在为一个对错误持批评态度且对那些错误制造者的处理很严厉的上级工作，这其中也隐含着冲突。

二、感知冲突

我们知道，大多数组织即使在日常决策中也存在意见不一致的现象，例如谁将得到提升、什么方法是达到销售目标的捷径、怎样评价员工的业绩等。当个体和小组开始意识到这些差异存在的时候，他们就到了感知冲突阶段。在这一阶段中，冲突的双方可能只有一方意识到了这种潜在的冲突，如当上司看到下属没有做好工作时，上司和下属之间的问题就出现了。类似地，当上司认为额外的沟通没有必要时，下属可能认为上司的反馈太少了。这些感知差异主要表现在心理上，这是感知冲突阶段的特点。

明确感知阶段冲突的特点，并设身处地地去分析它是很重要的。当你意识到自己与某人在对一些问题的认识上出现差异时，你要分析这些差异反映了什么问题，对方是否也意识到了这些差异的存在，对方对这种情形的感知是否与你相似。之所以要分析这些问题，是因为人们在感知方面的差异直接影响着感觉冲突的形成。

三、感觉冲突

与感知冲突紧密相关的是感觉冲突。感觉冲突是可感知的冲突对潜在冲突的参与者情感的影响，主要体现在生理层面。这一阶段发生在实际冲突行为出现之前，并对冲突行为产生影响，因为它反映了我们的感知与情感。在这个阶段，我们对实际冲突发生的可能后果加以概念化，并由此产生剧烈的情绪变化，如焦虑、紧张、敌意及挫败感等。

四、公开冲突

公开冲突阶段被称为冲突的"行动阶段"，这一阶段包括冲突行为、解决问题、公开对抗、转换行动或者其他可能的行为。真正的冲突行为——公开冲突，决定了冲突的结果以及冲突相关者相互作用的方式。

五、冲突结果

冲突结果指潜在、感知、感觉和公开冲突相互作用的结果。前面我们已经说明过，冲突既具有消极的影响（减少合作），也具有积极的作用（增加合作）。

人际冲突的化解方式

个体对人际冲突的处理，依据个人的自信程度和对方的合作程度，大致有几种不同的处理方式。

一、暂时回避

有些人在实现既定目标的过程中，一旦遇到即将出现的冲突，往往采取回避的方式，因为冲突使他们感到不舒服或非常害怕。虽然回避者很想实现自己的目标，但他们并不能以一种积极的方式来对待冲突。

暂时回避属于不自信且不合作型冲突处理方式。人们运用这一方式来远离冲突，对不同意见者置之不理或保持中立。这种做法或者是为了让冲突自行发展，或者是为了避免紧张或挫败。有时候采取回避方式有利于避免冲突的升级。然而，对于重要问题采取置之不理的方式是不明智的。过多地运用这种方式，会导致他人对你不太好的评价。

二、说服与劝导

人际交往中，许多地方都离不开说服。说服对方转变看法是有意义的，也是不容易的。说服对方首先要取得对方信任，这是说服的基础；其次要针对对方的心理，这是成功的关键；最后是态度要诚恳，平等相待，积极寻求共同点，不要急于求成。

三、适当的妥协

妥协者倾向于将人们对任务的不同观点加以平衡，同时采用对谈判有利的方式来解决冲突。在妥协过程中，由于各方可以将他们的损失降到最低限度，同时又能够有所收获，因而妥协方法能够奏效。通常，许多组织鼓励采取折中的办法，而且在许多决策群体中妥协已经成为一种倾向。

适当的妥协属于基本合作和较自信型冲突处理方式，它涉及谈判和让步。妥协在冲突处理中被广泛运用，与他人妥协的人往往会得到好评。

四、互相协作

以合作的姿态来处理冲突是一种十分理想的冲突处理方式。但是相对于其他冲突处理方式，互助合作在应用中却是最难的。对于倾向于合作的人来说，只有在其他人也采取合作方式并且拥有足够的为完成任务所必需的信息时才能采用合作方式。

互相协作属于合作且自信型冲突处理方式，是人际冲突中的双赢冲突处理模式，因此表现出将冲突带来的积极作用提升到最大限度的愿望。

五、其他

其他化解人际冲突的方式包括：向适当管理层报告，寻求协调；牺牲自己利益，迎合对方；适度的对抗等。

有效解决冲突的步骤

步骤一：澄清并界定问题。

了解双方冲突的焦点是什么，先学习"对焦"，倾听了解双方对问题的看法，才知道该如何处理问题。

步骤二：找出彼此的需求或愿望。

知道问题的症结后，还要能够了解彼此的需求或愿望，才能找到令双方满意的解决方法。

步骤三：思量各种可能的解决方法。

冲突的双方可以讨论有哪些可能的解决方法，一一讨论其可行性与彼此的接受度。

步骤四：达成共识。

将所有解决方法列出之后讨论各个方法的优缺点，找到一个双方都可能同意的方法后，再加以实施。

步骤五：回顾与重新磋商。

实施之后的结果有可能不如预期，此时双方便需要依这几个原则重新磋商。

案例：风口浪尖上的抉择

2020年12月的一个阴冷的下午8点，早已过了下班的时间，但科鑫公司审计部长肖汉峰还坐在他的办公室里，他正面临选择。作为公司元老，肖汉峰伴随着公司在风风雨雨中一起走过了不寻常的六年，这期间，公司取得了长足的进步。作为公司的"三驾马车"之一，他付出了太多的汗水。他热爱这个公司，已经将它视为生命中的一部分。但是，一想到继续在这里工作将要无休止地面对与新任总经理之间在经营理念上的分歧和做人原则上的冲突，肖汉峰就感到万分痛苦。他拿出公文纸准备写辞职报告，临下笔时又犹豫了：事情真到了必须写辞职报告的地步了吗？

科鑫公司是一家从事进出口业务的公司，成立于2010年。公司开创之初，一没有资金，二没有进出口许可证，业务人员不到十人。肖汉峰作为部门经理，与另外两个部门经理一起各自"借船出海"，白手起家。在他们的努力下，公司逐步发展壮大起来，年进出口贸易额达到人民币4亿元，年创净利600万元。肖汉峰本人也因连续两年销售额完成指标位列公司第一而荣获公司销售奖；加之其为人随和，乐于助人，在公司内人缘颇好，口碑不错，一度在"三驾马车"中被认为前途最好。由于肖汉峰在三位部门经理中年龄最小，故集团公司有意提拔培养他，集团总裁曾私下许诺在适当的时候重用他，委以总经理职务。而肖汉峰对此并不热衷，因为他与公司张总关系甚好，私交很深，所以他在公司业务活动中自主权较大，许多事情不用请示就可自主定夺，这令他感到轻松自在。相比之下，做总经理不仅压力大，同时还要面对另两驾"马车"，自己一旦被提升，势必招致两人不满——毕竟三人的业绩、资历都不相上下。

天有不测风云。2013年底，在进口业务中与科鑫公司有过合作关系的一家外贸公司因涉嫌走私被依法处理，科鑫公司受委托开立的100多万美元的信用证，也由于该公司董事长携款出逃美国而无法追回。于是张总受牵连被集团罢免，取而代之的是对外贸根本不了解的原集团公司投资部的刘总。

刘总初来乍到，起先比较谦虚，与业务骨干的关系处得还算不错。随着时间的推移，她刚愎自用、固执己见、听不进不同意见的缺点日渐显露，于是不少员工开始离去，这是自公司创立以来从未有过的事情。

人心的涣散对公司的业务产生了影响，公司业绩开始下滑。同时，为了自己的利益，刘总招聘了不少与其有密切联系的关系户，甚至包括其亲属。公司人员增加至 50 多人，但业务量和利润却不断下滑，公司各部门之间的矛盾因利益等问题而不断加深。面对这种局面，肖汉峰内心十分忧虑。作为公司创始者之一，他对刘总的做法很反感，但由于职位的差异，肖汉峰对一些问题也无能为力。他在一些正式或非正式的场合提过不少善意的建议，谁知不仅没有起到任何作用，反而引起刘总的不快，还加深了彼此之间的隔阂。肖汉峰明白，这样下去，自己只能成为刘总眼里的另类，甚至可能成为眼中钉而被拔掉。他不想辞职，毕竟公司凝聚着他太多的心血。可是眼看着自己用心血换来的成就被一点点蚕食，他痛心不已，还是忍不住提出了一些建议，正是这些建议让刘总越来越疏远他。

2018 年初，投资心切的刘总决定将公司下属的一个已停止运作的经营部交给一个叫张杰的人做建材业务，双方商定经营利润四六分成。当时肖汉峰凭自己的直觉和经验猜测：张杰是向建筑工地提供黄沙、水泥等材料的，有大量稳定的业务，根本没有必要整合这些对他没什么实际意义的不良资产，莫非其中有诈？肖汉峰委婉地将自己的推测以及担忧告诉了刘总，劝其慎重考虑，以免造成损失。

对此，刘总很是恼火："都像你这样，前怕狼后怕虎，公司的业务还要不要开展？对于新的经营领域，总是要冒一定风险的，人家送上门的礼，难道有假？"肖汉峰强压心中的不快，说道："小心驶得万年船，谨慎点有什么错？"双方话不投机，不欢而散。

正在二人矛盾日益尖锐之时，集团的一纸任命将肖汉峰推上了更为尴尬的位置。2019 年 5 月，肖汉峰被任命为集团公司审计部长，负有监管公司经营之职责。

2019 年 7 月的一天，张杰拿着一份供应某工地混凝土的供货合同副本及一份向某水泥厂购买 5 000 吨水泥的购货合同，要求科鑫公司提出担保。由于张杰仅是科鑫公司下属部门的负责人，不是法人代表，故要求上级公司出面担保或签订购货合同理所当然。肖汉峰闻知此事，出面阻止此事："签订水泥购货合同的前提是必须有与工地签订的供货合同，只有这样，公司才能为你担保。"张杰当即拉长了脸，认为肖汉峰是因为与刘总的矛盾故意刁难他，并扬言，凭他的关系，此事一定能办成。果不其然，第二天一上班，肖汉峰被叫到刘总的办公室，并被告之：担保协议已委托他人办理，希望审计部少参与公司的具体经营运作，也希望肖汉峰今后改变对客户的态度，公司不能容忍因态度不好而失去客户的情况发生。"既然刘总已经决定了此事，我会持保留意见，日后产生的一切后果，由刘总负责。"肖汉峰愤怒地留下这段话后就离开了。

此后仅过了 3 个月，科鑫公司被告上法庭，原因是张杰拿了水泥厂的货，欠了对方几百万元的货款。此事闹得沸沸扬扬，集团公司派人来调查时，刘总却将责任一推了之，并认为审计部也负有一定的责任，没有尽到监督之职责，肖汉峰也应该检讨。

肖汉峰终于认识到，科鑫公司已不是他原来心目中的奋斗之地。虽然既失望又愤怒，但他仍相信集团能给出明确的结论。他想辩解并与集团领导直接沟通，但考虑到刘总与集团的特殊关系，肖汉峰放弃了与集团领导直接沟通的做法，而是等待集团给出明确的结论。但一连几个星期过去了，徒劳的等待使肖汉峰的耐心消磨殆尽。肖汉峰这位现在仍留在公司的"三驾马车"的最后一人，也终于开始考虑去留问题了。

案例思考：

1. 刘总和肖汉峰之间矛盾的根源是什么？如何化解？

2. 肖汉峰觉察到张杰在承接有关建材业务时有诈，便委婉地将自己的推测以及担忧告诉了刘总，劝其慎重考虑，却遭到刘总的斥责。从有效劝说的角度来看，肖汉峰该如何改进？

　　3.在这场冲突中，刘总的所作所为与企业根本利益相悖，她所扮演的角色属于冲突中强势的一方。然而，作为负有公司监督之责的审计部长肖汉峰却准备退出，回避矛盾。你认为这是最佳的选择吗？有何建议？

丛书后记

从某种角度讲，内部审计诞生于经济，同时也服务于社会发展。一次偶然的机会，某位协会领导触动并激发了大家创作"内部审计工作法系列"丛书的热情，他说："你们应该把自己宝贵的工作经验与理论相结合，向内部审计实务工作者传递好这些内部审计先进的理念、技术与方法。"于是，在丛书编委会的统筹下，作者们开始辛勤调研、认真写作，并按照分工，有序地推进写作任务，经过无数个不眠之夜，终于使"内部审计工作法系列"丛书付梓，可谓天道酬勤，值得庆贺。

本套丛书筹备初期、编写期间以及出版过程中，诸多教授、学者和内部审计实务工作者对丛书提出了宝贵的意见并给予充分的肯定与鼓励。2021 年 5 月 19 日，丛书主创人员在宁波召开了中期汇报会，其间，全国部分省市内部审计协会新老领导们一致认为"本套丛书是他们记忆中全国首套成体系的内部审计实务丛书，非常有意义"，这个评价激发了我们极大的创作热情。丛书出版过程中，特别感谢第十一届全国政协副主席、审计署原审计长、中国内部审计协会名誉会长李金华亲自审阅本丛书并作总序；感谢李如祥副会长、时现副校长、李若山教授对图书的高度评价，并为丛书作推荐序；感谢中国内部审计协会原副会长兼秘书长易仁萍老领导对本套丛书的精心指导与帮助；感谢王光远教授对本套丛书的关心与关注；感谢陈焕昌、范经华、尹维劫、许建军、王勤学、何小宝、徐善燧、陈德霖、许兰娅、翁一菲、陈建西、沈谦、吴晓荣、沈静波、缪智平、高垚、林朝军、毛剑锋、全国义、杨辉锋、薛岩、雷雪锋、罗四海、施曙夏等人在丛书调研与写作过程中给予的大力支持。

在本套丛书初稿形成，我们又组织专家进行多次的线上讨论，部分专家前辈提出建议：为给人以启示，传递正能量，希望在每章首页中插入以内部审计为主题的名言警句。在此，感谢中国内部审计协会新老领导、内部审计领域的专家学者为本书提供精辟而富有哲理的名言警句，感谢审计署内部审计指导监督司、北京市内部审计协会、湖南省内部审计协会、浙江省内部审计协会、山东省内部审计协会、福建省内部审计协会，成都市审计学会以及宁波市内部审计协会、上海铭垚信息科技有限公司、宁波南审审计研究院等单位的大力支持！

丛书的出版离不开人民邮电出版社全程地跟进服务，他们很专业、很敬业；离不开李越、林云忠委员组织协调，他们为丛书的调研与写作提供了有力的保障；更离不开袁小勇教授统筹丛书编写架构，统一丛书编写要求，统领丛书进度与审稿等，他为此投入了极大的精力并倾注了极大的心血。

时代在前进，理念在发展，本套丛书错漏之处在所难免，恳请读者批评指正，我们会再接再厉，希望有机会再为广大读者创作更为专业、系统的内部审计工作法系列实务丛书，为实务工作者增值，为企业增效，为社会增进！

丛书编委会

2022.5.16